UN FRUIT

ÉCOLES APOSTOLIQUES

Unaquæque arbor de fructu suo cognoscitur.
Chaque arbre est reconnu à son fruit.

Luc, vi, 44.

BIOGRAPHIE

DE

FERNAND GARRIGUE

Décédé à Bordeaux, le 31 Août 1877.

BORDEAUX

Imprimerie Typo-Lithographique O.-L. FAVRAUD

91, RUE PORTE-DIJEAUX, 91

—

1887

UN FRUIT DES ÉCOLES APOSTOLIQUES

UN FRUIT

DES

ÉCOLES APOSTOLIQUES

Unaquæque arbor de fructu suo cognoscitur.
Chaque arbre est reconnu à son fruit.

Luc, vi, 44.

BIOGRAPHIE

DE

FERNAND GARRIGUE

Décédé à Bordeaux, le 21 Août 1877.

BORDEAUX

Imprimerie Typo-Lithographique O.-L. FAVRAUD

91, RUE PORTE-DIJEAUX, 91

1887

A NOS BIENFAITEURS

I

Le 21 août 1877, veille de l'octave de l'Assomption de la glorieuse Reine des apôtres, le Sacré-Cœur du divin Maître daigna cueillir un fruit mûr pour le ciel dans sa petite *Vigne choisie* de Bordeaux.

Le jeune adolescent, destiné à être les prémices d'une récolte qui s'annonçait abondante et de bonne qualité, fit son entrée à l'École Apostolique vers la fin d'octobre 1874, à l'âge de treize ans. Il terminait à peine la seizième année de sa vie lorsqu'il fut frappé par la mort. Dans l'intervalle de ces trois années, le généreux enfant se montra un modèle parfait des vertus propres à son âge et à sa condition. Aussi avons-nous cru répondre à une invitation du Ciel en traçant un tableau succinct de son édifiante vie.

En entreprenant ce modeste travail nous avons eu devant les yeux un but pratique : assurer à la jeune famille apostolique de Bordeaux, pour les âges suivants, un modèle d'élève parfait, et en même temps une explication *pratique* et *persuasive* des règlements de l'École.

Le Bienheureux Jean Berchmans ne cessera pas d'être notre patron et notre règle vivante. L'histoire de sa sainte vie continuera à nous montrer la voie que nous devons tenir pour arriver au terme désiré. Il nous semblerait toutefois que la miséricordieuse Providence, voulant condescendre à notre faiblesse, ait eu le dessein de placer sous le regard de ses petits enfants un modèle intermédiaire plus actuel et plus à la portée commune. Nous avons cru qu'il en était ainsi, et c'est pour répondre à ce dessein providentiel que nous avons entrepris ce travail.

Nous avons eu aussi en vue les autres écoles apostoliques, sœurs de la nôtre. Nous sommes loin d'avoir la prétention de leur offrir un modèle à copier, mais seulement un sujet de lecture édifiante et pieuse.

Nous avons envisagé, en troisième lieu, les établissements d'instruction secondaire qui font profession d'élever des enfants pour le sanctuaire. Le Petit Séminaire et l'École Apostolique, en effet, tendent vers un but commun, le sacerdoce. Nous pensons que la lecture de ce récit ne sera pas sans intérêt ni sans profit pour cette classe d'enfants.

Il nous semble entendre le lecteur, dès le début, nous poser la question suivante : Une existence de si courte durée, écoulée sans bruit, au sein d'une famille inconnue ou dans l'obscurité d'une humble École Apostolique, saurait-elle motiver une biographie de cette étendue? — A ce doute, qui vient naturellement à l'esprit, nous ne voulons opposer qu'une simple réflexion. Le glorieux patron des écoles apostoliques, le bienheureux Jean Berchmans, ne fut jamais sur un théâtre plus glorieux aux yeux du monde, et toute sa carrière se trouve renfermée dans des limites presque aussi étroites. Et cependant il eut le secret de s'élever dans cette humble condition à une éminente sainteté. Notre intention, à Dieu ne plaise, n'est pas d'établir ici un parallèle, et moins encore de décider si la copie a égalé le modèle : c'est le secret de Dieu, que nous nous garderons de sonder. Mais nous savons que le bras du Tout-Puissant n'est nullement raccourci, et que d'ailleurs, dans la nature, les plus belles fleurs ont coutume de naître et de s'épanouir dans les jardins fermés.

Puisse le Sacré-Cœur de Jésus, le Maître des apôtres, agréer ce faible hommage de notre immense reconnaissance, et le faire servir à sa plus grande gloire!!

II

Qu'il nous soit permis de produire ici, à titre de notions préliminaires, quelques témoignages dignes de foi qui mettront sous les yeux du lecteur un abrégé succinct de toute la vie du jeune apostolique.

A. — *Le professeur de 5ᵉ, année 1874-75.*

« Vous me demandez si je n'aurais aucun détail
« à vous fournir sur notre cher Fernand Garrigue.
« Je ne me rappelle rien de frappant en dehors de
« l'ensemble de sa vie : piété angélique à la cha-
« pelle, travail consciencieux, observation très-
« exacte de sa règle, charité envers ses frères, et,
« par-dessus tout, grande simplicité. Dès la pre-
« mière année il pouvait être donné comme mo-
« dèle d'apostolique. Dans une exhortation aux
« congréganistes, il me souvient que je décrivais
« la vie d'un fervent apostolique qui serait pour
« l'École un ferment d'édification et j'ajoutais : *Où*
« *est cet enfant et nous le louerons.* Je m'aperçus
« alors que j'avais fait le portrait de Fernand
« Garrigue, et c'est sur lui que se porta la pensée
« de mon jeune auditoire. »

B. — *Le professeur de 4ᵉ, année 1875-76.*

« Fernand est à mes yeux le modèle de l'écolier.
« J'ai beau rappeler mes souvenirs, ma mémoire ne
« me retrace aucune circonstance, ni aucun fait où
« ce cher enfant se soit trouvé en faute. Je l'avais
« placé à dessein dans un endroit d'où il pouvait
« être vu, afin que son exemple édifiât ses jeunes
« compagnons, et je puis affirmer qu'il a fidèle-
« ment rempli son rôle... Comme on le sait, Fer-
« nand ne pouvait disposer que d'une mémoire

« assez ingrate, et il rencontrait de sérieuses
« difficultés pour apprendre ses leçons ; mais il
« supporta cette épreuve avec une patience qui
« ne se démentit jamais.

« Voilà à peu près ce qui m'est resté de Fernand
« Garrigue. Malheureusement je l'ai eu trop peu
« de temps dans ma classe, et, trop longtemps,
« j'ai méconnu le trésor que je possédais. Certaine-
« ment, si je l'avais mieux observé, j'aurais décou-
« vert en lui des choses bien plus belles qui probable-
« ment resteront inconnues pour toujours... Puisse-
« t-il, maintenant qu'il jouit de la vue de Dieu, ne
« pas oublier ses amis de la terre et prier quelque
« peu pour son ancien maître ! »

· C. — *Le professeur de 3ᵉ, année 1876-77.*

« De tout mon cœur j'applaudis à la pensée de
« publier la vie de notre cher et regretté Fernand
« Garrigue. Ce sera un grand service rendu à
« l'École, ainsi qu'aux élèves de nos collèges, qui
« trouveront dans les exemples de vertu de cet
« adolescent un nouveau modèle à imiter.

« Le peu que ma mémoire ingrate retrace à mon
« esprit sur cet heureux enfant peut se résumer
« à dire que, durant les six mois que j'ai eu le bon-
« heur de le compter au nombre de mes élèves,
« il m'a été impossible de surprendre en lui, je
« ne dis pas seulement une faute, mais même
« l'apparence d'une légère infraction à la règle,

« indice sans doute d'une vertu peu commune.
«Aussi, je l'avoue avec franchise, je me sentais bien
« petit en présence de ce disciple de quinze ans.

« Avant cette époque, j'avais vécu au milieu de
« jeunes religieux bien fervents, et dont plusieurs
« étaient sans doute bien avancés dans les voies
« de la perfection; aucun d'eux cependant n'avait
« jamais produit sur moi la même impression que
« Fernand Garrigue. Sa tenue en classe, son recueil-
« lement, sa piété, sa modestie, tout vous rappelait
« saint Louis de Gonzague, tel que les biographes
« nous l'ont dépeint. Le pieux enfant paraissait
« tellement absorbé par la vue de Dieu et ses étu-
« des, qu'il ne prêtait aucune attention à tout ce
« qui se passait autour de lui. Un sourire gracieux
« répandu sur ses traits, expression vraie de la
« paix et de la sérénité de cette belle âme, donnait à
« sa physionomie je ne sais quoi de ravissant qui
« faisait penser au ciel. Combien de fois, en consi-
« dérant ce saint enfant, j'ai senti mon cœur s'éle-
« ver naturellement vers Dieu, le bénissant et le
« remerciant d'avoir placé sous mes yeux un tel
« disciple! »

D. — *Un directeur de l'École, qui avait vu Fernand
à l'œuvre pendant deux ans, et qui assista à son
trépas.*

« Pour ce qui me regarde, je puis dire que cet
« enfant m'avait vivement frappé dès les premiers
« jours de mon arrivée à l'école, et cette impres-

« sion ne fit que grandir. Aussi la parole du Père
« N..... ne me surprit pas : « — Cet enfant est trop
« parfait, vous ne le conserverez pas, car il paraît
« mûr pour le ciel. »

« Durant sa longue maladie de quatre mois, vous
« m'avez dit souvent, et c'était bien aussi ma
« pensée, que le Sacré-Cœur, dans sa personne, nous
« préparait un modèle d'apostolique. Aussi je me
« plaisais à penser qu'il serait bon de noter les
« paroles du pieux enfant, ses traits de vertu, son
« obéissance, sa charité, pour être plus tard pro-
« posés à la bonne édification de tous. »

E. — *Le R. P. Ramière.* — *Toulouse, 13 août 1881.*

« Je ne puis mieux dater que de la fête du bien-
« heureux Berchmans les remercîments que je
« vous dois pour l'édification que m'a procurée la
« biographie de Fernand Garrigue, car c'est bien
« un nouveau Berchmans que cette biographie
« m'a fait connaître. Je ne doute pas que, dans sa
« personne, la Providence n'ait voulu offrir aux
« élèves des écoles apostoliques un portrait parfai-
« tement ressemblant de leur céleste modèle, afin
« de les encourager à en devenir à leur tour les
« imitateurs.

« Je ne puis donc que faire des vœux pour que
« cette biographie soit mise au jour. Ce n'est pas
« seulement aux écoles apostoliques qu'elle sera
« utile, mais encore à toutes les maisons chrétien-

« nes d'éducation ; et, grand nombre de ceux qui,
« comme moi, ont quitté les bancs de l'école depuis
« longues années, y trouveront de quoi s'édifier et
« s'humilier. »

Bordeaux, Fête de l'Immaculée Conception, 8 décembre 1886.

A. Batut, S. J.

Anc. miss. apost. Maduré.

J. M. J.

VIE DE FERNAND GARRIGUE

DÉCÉDÉ A L'ÉCOLE APOSTOLIQUE DE BORDEAUX

le 21 août 1877.

PREMIÈRE PARTIE

*Depuis la naissance de Fernand, 13 juin 1861, jusqu'à sa
consécration au Sacré-Cœur de Jésus, juin 1876.*

CHAPITRE PREMIER

Fernand avant son entrée à l'École Apostolique

Fernand Garrigue vint au monde le 13 juin, fête de
saint Antoine de Padoue, 1861, dans une bourgade du
diocèse de Périgueux. Il fut le premier-né d'une famille foncièrement chrétienne, comptant sept frères et
deux sœurs. A l'âge de huit ans, Fernand quitta le toit
paternel et fut confié à la vigilante sollicitude d'un
ecclésiastique, ami de la famille. L'enfant fut trois
années entières sous la conduite de ce sage guide,
qui eut le secret de déposer dans l'âme de son jeune
disciple la semence de ces vertus chrétiennes et religieuses qui jetteront un si vif éclat un peu plus tard.
Il eut l'insigne bonheur de clôturer cette première
période de son éducation par une fervente première
communion, le 12 avril 1872. Il nous dira lui-même
dans la suite les douces émotions dont son jeune cœur

fut rempli en ce beau jour. Le mois d'octobre suivant, Fernand entrait à l'École Cléricale de Périgueux, dont il échangera le séjour, deux ans plus tard, pour celui de l'École Apostolique.

La vie entière de notre enfant nous apparaît sous quatre aspects différents : Fernand sous l'autorité paternelle ; Fernand, durant trois années de vie commune à l'École Apostolique de Bordeaux ; Fernand, introduit par le Sacré-Cœur de Jésus dans une voie plus parfaite ; et enfin, sa dernière maladie et sa mort.

Prévenu de grâces de choix, ce généreux enfant a passé par ces quatre états avec un égal bonheur. Dès son jeune âge, il s'élança dans la voie droite qu'il a parcourue avec courage et constance. Il a peu vécu ; mais il a fourni des jours pleins, et le souvenir de ses vertus nous semble digne d'être proposé, comme sujet d'édification, à ses frères en Jésus-Christ.

I

FERNAND A LA MAISON PATERNELLE

Nous pensons que les traits généraux qui caractérisent un aspirant à l'École Apostolique peuvent se résumer ainsi :

1° *Un vrai candidat apostolique* appartiendra *généralement* à une famille peu favorisée des biens de la fortune, mais riche des dons du ciel, une famille foncièrement chrétienne et pieuse. — Il ne sera pas rare d'y rencontrer des membres, séculiers ou religieux, qui se fassent distinguer par une vertu au-dessus de l'ordinaire. Nous croirions qu'une telle vocation peut être considérée comme une récompense du Cœur de Jésus à une famille de ce caractère.

2º Le jeune aspirant est préparé de loin par une action secrète de la divine Providence. Un instinct surnaturel incline son cœur vers la vertu et lui inspire l'horreur du vice. Les récits des missionnaires laissent dans son âme une vive émotion, et y éveillent le zèle des âmes. La voix du ciel devient plus explicite et plus claire le jour solennel de la première communion. L'enfant entrera à l'École avec l'innocence conservée ou avantageusement recouvrée.

3º *Le vrai candidat apostolique* tombe dans sa chère École comme un corps déplacé, qui retrouve son centre d'attraction aussitôt qu'il est libre d'obstacle. L'École a pour lui les attraits d'un petit paradis terrestre, et, dès les premiers jours, il entre en possession du *centuple* promis aux âmes généreuses qui ont tout quitté pour répondre à l'appel du divin Maître, nonobstant les mille sacrifices qu'il rencontrera sur son passage le long du jour. Ce bonheur sans mélange de l'apostolique pourrait être appelé *un mystère de foi.*

Le récit qui va suivre montrera ces trois notes pleinement réalisées dans la première enfance de Fernand Garrigue.

Fernand était le premier-né de la jeune famille. A ce titre, il avait un double droit à l'affection et à la sollicitude maternelles. Aussi, nous ne saurions dire de quelle délicate et vigilante attention Mme Garrigue entoura son cher petit Fernand, depuis le moment de son entrée au monde jusqu'à celui où elle eut la consolation de le remettre aux mains de la douce Providence, à l'École Apostolique de Bordeaux.

Laissons cette vertueuse mère nous tracer de sa propre main une esquisse abrégée de cette première phase de la vie de son cher enfant. Le tableau n'en sera que plus vivant. — Il sera un compte rendu précis des observations maternelles.

« Fernand », écrit Mme Garrigue, « fut à la maison « paternelle un modèle d'obéissance. Je ne citerai « qu'un trait pris au hasard. J'avais défendu à mes « enfants de rien accepter hors de la maison, en fait « d'aliments et autres offrandes de même genre. « Je voulais habituer de bonne heure ces enfants à ne « prendre aucune nourriture en dehors des repas. Il « arriva un jour qu'une tante de Fernand, qui habitait « le voisinage, lui offrit un petit régal ; c'était un « gâteau de belle apparence. L'enfant répondit à cette « proposition par un refus formel et irrévocable : « *Maman a défendu.* Le dernier mot était dit. Il « fut nécessaire de recourir à l'intervention mater- « nelle.

« Rien de plus touchant que la douce amabilité de « cet ange de la terre. La sœur aînée avait un carac- « tère qui était l'opposé de celui de Fernand, un na- « turel altier, se pliant difficilement à la correction. « Combien de fois n'avons-nous pas vu l'angélique « enfant à genoux, les yeux baignés de larmes, implo- « rant pardon et miséricorde pour sa sœur rebelle !

« Un jour l'un de ses frères allait recevoir une « sévère correction, mais voici Fernand les larmes « aux yeux, se jetant aux pieds de son père, et solli- « citant pour lui-même la peine méritée par son frère « coupable. Et ces procédés avaient passé en lui à « l'état d'habitude. Il est permis de croire que le « doux Cœur de Jésus se préparait dans cette âme « d'enfant une demeure de choix.

« La piété de Fernand n'était pas moins admirable « que son obéissance et sa compatissante mansué-

« tude. Dans un des angles du jardin, on remarquait
« les débris d'un antique rocher. Ce lieu solitaire
« attira l'attention du pieux enfant. Il lui sembla que
« ce rocher pourrait être aisément transformé en er-
« mitage. Le voilà à l'œuvre, et, de ses petites mains,
« il a bientôt façonné une modeste grotte qui va de-
« venir son séjour de délices. Il y installe le plus
« honorablement possible la sainte Famille tout en-
« tière, le Sacré-Cœur, la très Sainte Vierge et saint
« Joseph. Matin et soir, il conduit au nouveau sanc-
« tuaire ses frères et ses sœurs, pour y réciter les priè-
« res en commun. Combien de fois l'ai-je surpris moi-
« même, seul dans la solitude, pieusement occupé à
« dérouler son chapelet sous le regard de sa céleste
« Mère ! Aussitôt qu'il pouvait disposer d'un moment,
« il courait à sa grotte, et cultivait de ses mains le
« petit parterre qui en embellissait l'entrée. Il y avait
« disposé un prie-Dieu rustique, gazonné, d'une élé-
« gante simplicité.

« Un jour, Fernand eut la pensée de causer à la
« famille une agréable surprise. La mère seule était
« initiée au secret. M. le curé dînait à la maison, et
« l'enfant avait vu dans cette circonstance une
« occasion favorable pour faire bénir son ermitage.
« Au moyen de lanternes vénitiennes et autres indus-
« tries de son invention, il réussit à récréer toute
« l'assistance par une charmante illumination !

« — Oh ! maman, me répétait-il souvent, comme j'ai-
« me à prier dans ma petite chapelle ! Elle me rappelle
« au naturel la vie édifiante des solitaires du désert. »

« Je regrette bien aujourd'hui que cette grotte mé-
« morable n'existe plus dans sa première forme. Elle
« rappellerait à notre esprit de précieux souvenirs,

« et réveillerait dans notre cœur de suaves émotions.
« Nous avons été obligés de la démolir en partie pour
« des réparations urgentes. Ce qui reste porte encore
« le nom de *chapelle de Fernand* (1). »

« Le cœur si aimant du petit enfant pouvait-il
« n'être pas rempli d'une affection tendrement filiale
« pour la famille ?

« Ce sentiment éclata principalement lorsque la
« voix de Dieu se fit entendre pour la première fois,
« l'appelant à la vie apostolique. Fernand soupirait,
« sans doute, après cette École bénie qu'on lui propo-
« sait. La description de ce petit cénacle avait pour
« lui toute sorte d'attraits. Mais il faudra faire le sacri-
« fice des vacances passées au sein de la famille.

« — Oh ! s'écria Fernand, me priver des vacances
« en famille ? ce sacrifice est au-dessus de mes for-
« ces. »

« Aussitôt que nous remarquâmes que l'enfant
« n'avait pas le courage d'accepter une privation si
« coûteuse à la nature, loin d'exercer sur lui la moin-
« dre pression, nous évitâmes même de lui en parler,
« nous bornant à supplier le Sacré-Cœur de manifes-
« ter sa volonté et de nous donner courage et force
« pour l'accomplir. Nous ne tardâmes pas à être exau-
« cés. Un matin, nous revenions ensemble de l'église,
« après avoir entendu la sainte messe. Fernand me
« prend au bras et me supplie de lui accorder une

---

(1) Fernand, devenu apostolique, ne perdit pas de vue son ermitage. Dans sa lettre de bonne année 1875, il fait dire à ses frères
et sœurs : « Si vous êtes sages et pieux, maman vous donnera
mes étrennes. Mais notez bien que j'attends de vous l'équivalent.
Je demande de vous, de temps en temps, une courte prière dans la
petite chapelle, au coin du jardin que vous cultivez si bien. »

« minute, ajoutant qu'il a une communication impor-
« tante à me faire. Étant très occupée à ce moment,
« je l'invitai à remettre à plus tard sa confidence ;
« mais l'enfant me fit de si vives instances que je me
« décidai à condescendre à son désir.

« — Maman, » me dit-il avec émotion, « pendant la
« sainte messe le bon Dieu m'a dit qu'il me voulait à
« cette école. Oui, maman, je vous assure qu'il me
« veut là. Il me l'a trop bien fait connaître. »

« A partir de ce moment, en effet, Fernand fut un
« modèle de piété et de recueillement. Lorsqu'il fut
« sur le point de partir pour Bordeaux, une bonne
« religieuse, voulant éprouver sans doute sa résolu-
« tion, lui dit : — « Y songes-tu, Fernand ? Quoi ! te
« séparer ainsi d'un père et d'une mère si remplis de
« tendre affection pour toi ! »

« — Et vous, ma sœur, » répliqua l'enfant, « n'avez-
« vous pas quitté les vôtres, pour répondre à l'appel de
« Dieu ? »

« En terminant ce long récit, qu'il me soit permis
« d'ajouter une réflexion à la louange de ce jeune
« prédestiné. Si j'avais à décrire en détail les opéra-
« tions de la grâce dans mon petit Fernand, j'aurais
« un chapitre spécial qui aurait pour titre : *Souffrances*
« *et humiliations providentielles de Fernand, du-*
« *rant la première période de sa vie.* Comme on
« jette le grain de froment dans le sillon, en vue du
« centuple, de même la miséricordieuse Providence
« jetait dans la terre ce jeune cœur, pour le faire
« mourir au monde et à la vie naturelle, et le ressus-
« citer ensuite, image vivante du divin Modèle. On
« l'entendit souvent répéter à la bonne qui l'avait vu
« naître et grandir :

« — Pauvre N..., je suis tout à fait malheureux, je
« suis sot, mais tout à fait sot, le plus dépourvu de
« toute la famille. »

« Le doigt de Dieu était là sans doute, façonnant le
« nouvel élu d'après le type éternel. Et, chose digne
« d'admiration! l'humble enfant prenait en silence
« cette boisson amère, n'ayant d'autre confident de
« ses souffrances et de ses humiliations que Jésus et
« son bon ange. »

Ce récit maternel fait admirablement ressortir dans
le jeune Fernand une des notes caractéristiques de
l'aspirant apostolique, l'action secrète et permanente d'une grâce qui incline son cœur vers la piété
et la vertu. Les détails qui vont suivre ne feront que
confirmer ce premier témoignage.

II

FERNAND SOUS L'AUTORITÉ DE SON PREMIER PRÉCEPTEUR

Le vénérable ecclésiastique qui fut, pendant trois
ans, le précepteur et le guide spirituel de Fernand,
nous envoie aussi son tribut de louange. Il est en
parfaite harmonie avec celui de la mère. Nous le reproduisons ici textuellement :

« Toute la vie de Fernand, pendant qu'il était chez
« nous, fut une vie d'obéissance, de respect et d'affec-
« tion inexprimables. *Sortitus erat animam bonam.*
« C'était, dès l'âge le plus tendre, un petit saint.
« Jamais il n'hésita une seconde à obéir, jamais il ne
« manifesta le moindre regret de quitter ses jeux et
« ses amusements au premier appel, toujours aimable,
« toujours souriant, toujours heureux et reconnais-
« sant. Oh! mon père, quel charmant enfant du bon

« Dieu ! Pendant les trois ans que je l'ai gardé auprès
« de moi, il ne m'a pas désobéi *une seule fois.*

« Dans ses études, il n'était pas toujours heureux ;
« son esprit un peu lent, et son imagination tardive,
« ne lui permettaient pas de marcher bien vite. Mais
« il voulait si bien faire que le bon Dieu et la Sainte
« Vierge, qu'il priait si bien et si fort, pour me
« servir de son expression, lui venaient visiblement
« en aide.

« Pendant l'année 1870, où l'hiver fut si rigoureux,
« ce petit enfant, à peine âgé de neuf ans, avait de-
« mandé comme grâce qu'on l'éveillât tous les matins
« à cinq heures et demie, afin de pouvoir étudier ses
« leçons et être prêt à les réciter de bonne heure. Je
« ne vous surprendrai pas, mon bon Père, si je vous
« affirme qu'il fut toujours fidèle à ce règlement.

« Que dire de sa piété ? Vous avez connu ce cher
« enfant, qu'il suffise d'observer qu'il préludait par sa
« piété à ce qu'il a été chez vous.

« Notre Fernand est au ciel, je n'en doute pas, et,
« malgré l'immense douleur que me cause cette mort,
« je ne puis que bénir le bon Dieu de m'avoir donné
« un tel protecteur auprès de Lui. »

Ce court panégyrique nous laisse entrevoir déjà
dans ce jeune cœur le germe précieux des vertus qui
font les saints. Et cependant ces lignes, écrites à la
louange du futur apostolique, nous révèlent, à travers
un voile léger, ce que nous appellerons le défaut dominant de Fernand. *Il n'était pas toujours heureux
dans ses études, son esprit était un peu lent et son
imagination tardive.* Toutes ces expressions semblent
nous dire, ou nous faire entendre, que le cher enfant
avait à vaincre une antipathie naturelle pour les

travaux de l'esprit et les exercices de mémoire, défaut
d'ailleurs si commun dans les enfants de cet âge.
Loin de vouloir dissimuler cette tache, nous voulons
au contraire, dès à présent, la mettre en saillie, parce
qu'elle deviendra bientôt pour l'apostolique un sujet
de gloire. Ce défaut, en effet, ouvrira devant Fernand
un vaste champ de bataille sur lequel le jeune soldat
de J.-C. combattra les vaillants combats du Seigneur,
et remportera d'éclatantes victoires. On va bientôt le
trouver aux prises avec cet ennemi capital qu'on
nomme indolence ou paresse. Il le terrassera si victorieusement qu'il méritera un jour d'être proposé
comme modèle d'écolier diligent et laborieux.

Fernand eut le bonheur de clôturer cette période
de son enfance par une fervente première communion,
le 12 avril 1872, préparé à ce grand acte, pendant trois
ans, par son sage et zélé précepteur. Nous aimerions,
s'il était possible, à décrire ici les sentiments de piété
et d'amour que ce jeune cœur apporta au sacré banquet, les suaves émotions de joie et de bonheur dont
cette âme si pure fut inondée au moment où son
Bien-Aimé prit place dans un sanctuaire préparé avec
tant de soin. — Plus tard, lorsque Fernand sera sur
le point de se revêtir du saint habit ecclésiastique,
le délicieux souvenir de sa première communion lui
inspirera les lignes suivantes :

« Il y a environ cinq ans, quelques mois avant ma
« première communion, ma mère me disait : « — Oh !
« qu'il me tarde de voir arriver ce jour ! » Le jour arrivé,
« le matin de ma première communion, ma tante J..,
« ou plutôt Sœur Marie-Louise, car il faut bien se gar-
« der de lui ravir son titre de gloire, me parlait, dans
« son langage angélique, du grand acte que j'allais

« accomplir. Après ma première communion, chacun
« m'embrassait avec joie. Oh! Sœur Marie, si votre
« regard avait pu plonger dans l'avenir, et y con-
« templer les merveilleuses attentions de la divine
« Providence, me conduisant dans la voie où je suis
« entré; si vous aviez pu voir les heureux jours qui
« devaient luire pour moi une fois engagé dans cette
« voie, vous auriez peut-être cru faire un rêve. »

III

FERNAND A L'ÉCOLE CLÉRICALE DE PÉRIGUEUX

Fernand Garrigue sortait de la première enfance,
et était d'âge à commencer ses études classiques.
C'est assurément un moment bien important, celui où
les besoins de l'éducation demandent que la famille
se dépouille en partie de ses droits pour les faire
passer en des mains étrangères.

La famille Garrigue eut le bonheur de rencontrer,
pour son bien-aimé Fernand, une maison d'éducation
conforme à ses désirs, un établissement, où la piété
et la vertu fleurissaient à l'égal de la science, et où
les maîtres avaient le secret de former leurs disciples
autant par leurs exemples que par leurs enseignements; c'était l'école cléricale ou Petit-Séminaire de
Périgueux, dont les portes s'ouvraient à Fernand au
commencement d'octobre 1872. Il sera deux ans dans
ce pieux asile où l'attendait la Providence, pour développer dans son jeune cœur les germes de la vie
apostolique.

Comme on va le voir, les débuts de Fernand à
l'École Cléricale furent loin de laisser entrevoir

l'avenir qui lui était réservé. La période actuelle de sa vie offre une page un peu sombre sur laquelle nous ne voulons pas jeter un voile. Les ombres ne font-elles pas ressortir les beautés d'un dessin? La vertu n'acquiert-elle pas un mérite nouveau, lorsqu'elle est aux prises avec les difficultés? Les forces se développent et se perfectionnent par la patience dans la lutte.

D'ailleurs, les larmes amères produites par le souvenir constant de quelques égarements sans gravité, que l'humilité fait souvent appeler des crimes, ne sont-elles pas une compensation abondante à un oubli passager? Fernand ne perdit jamais de vue les écarts de sa vie antérieure. Sur son lit de mort, dans un moment où il manifestait quelques regrets de quitter la vie, on lui mit sous les yeux l'exemple de saint Stanislas, qui abandonna la terre pour le ciel à l'âge de dix-sept ans.

— Oh! s'écria aussitôt le mourant, saint Stanislas! A qui me comparez-vous? Lui n'avait pas à expier; mais moi!...

Par un secret dessein providentiel, en mettant les pieds dans ce nouvel asile, Fernand y rencontra un guide spirituel selon le cœur de Dieu. C'est ce père de son âme que nous allons laisser parler. Il va nous résumer, dans un tableau raccourci, mais caractéristique, les deux années de son enfant spirituel à l'École Cléricale.

« Mon Révérend Père, — Nos enfants ont lu avec « grande édification les lignes que vous avez consa- « crées à la mémoire de Fernand Garrigue, dans vos *An- « nales des Ecoles Apostoliques*. Ils seront très heu- « reux si, dans une notice plus détaillée, vous voulez

« bien faire mention de son passage dans notre maison.

« Fernand entra dans notre établissement en octo-
« bre 1872, et y resta deux ans. Comme la plupart des
« enfants que le bon Dieu semble avoir choisis pour
« le sacerdoce, et qu'il a tenus éloignés des compa-
« gnies corruptrices, il était expansif, gai, aimant la
« société et la conversation de ses maîtres, et plein de
« cordiale affection pour ses condisciples.

« Bientôt, cependant, se manifesta en lui un défaut
« trop commun dans les enfants de cet âge ; Fernand
« se montra plus ami des jeux que de l'étude. On se
« vit obligé de le faire descendre dans une classe infé-
« rieure, et le remède n'eut pas une entière efficacité.
« Bien plus, on sait que ce péché capital, qui s'appelle
« *paresse*, traîne à sa suite tout un petit cortège. Les
« maîtres préposés à la discipline durent, plus d'une
« fois, adresser des reproches à leur élève, et avoir
« même recours à des correctifs plus énergiques.

« Les vacances arrivèrent. Au contact de sa reli-
« gieuse famille, Fernand retrempa sa piété et nous
« revint animé de meilleurs sentiments ; mais rien
« n'annonçait encore un changement radical. Plu-
« sieurs mois s'écoulèrent, et le cher enfant resta con-
« fondu dans cette catégorie d'élèves, dont on ne peut
« dire ni bien ni mal. Mais tout à coup, et sans transi-
« tion, une conversion subite et complète se manifesta.
« Quelle en fut la cause ou l'occasion ? Je ne saurais
« l'affirmer avec certitude. J'ai toujours cru que ce
« fut à la suite de quelques méditations faites par
« M. le Supérieur. Le directeur de la conscience de ce
« cher enfant n'a point à parler ici. Ce qu'il peut dire
« sans indiscrétion, c'est qu'il regarde comme une des
« grandes consolations de son ministère sacerdotal

« d'avoir été appelé à considérer de près cette belle
« âme, et à constater mille fois sa générosité, sa sou-
« mission et la vivacité de sa foi, à partir du jour de
« sa conversion. Les maîtres et les élèves ne tardèrent
« pas à s'apercevoir que Fernand était transformé.
« On ne l'entendit plus se plaindre de sa mémoire
« ingrate. Il la contraignit par une énergique appli-
« cation à remplir sa tâche. Il devint souple à la règle,
« docile à ses maîtres, et d'une exquise charité à
« l'égard de ses condisciples.

« Quant à la piété, est-il besoin de le dire ? C'est
« surtout par ce côté que le jeune converti se fit
« admirer. Ses visites au saint Sacrement étaient
« faites régulièrement, sans précipitation et dans un
« recueillement édifiant. Ses communions furent plus
« fréquentes. Et mon esprit conserve encore le déli-
« cieux souvenir des pieuses industries dont il usait
« pour obtenir une communion de surcroît. Dans ces
« moments d'intime communication avec Jésus, cette
« belle âme s'épanouissait merveilleusement sous
« l'influence de la grâce et répandait tout autour de
« suaves parfums de piété et de vertu.

« Citons quelques traits qui peindront au naturel
« le caractère de cet enfant. Un article du règlement
« prohibe le tutoiement parmi les élèves. Fernand
« s'aperçoit un jour qu'il est en faute sur ce point à
« l'égard de quelques condisciples avec lesquels il a
« coutume de traiter dans les termes d'une plus intime
« familiarité. Le voilà qui m'aborde dans un angle de
« la cour et me propose son doute.

« — La faute n'est pas grave, » lui dis-je, « et peut-
« être pourrait-on autoriser une exception à la règle
« générale à raison des circonstances. Toutefois, la

« perfection consiste dans une parfaite conformité
« au xexigences de votre règle.

« Le doute était levé, et, à dater de ce moment, ses
« condisciples les plus familiers n'eurent plus droit
« *au tu et au toi*. Le futur apostolique avait déjà
« résolu d'être un élève parfait, et rien n'ébranlera
« sa résolution.

« — Quand je vous rencontrerai, » disait-il un jour
à un condisciple, « vous invoquerez le saint auquel
« vous aurez pensé dans la journée, et je répondrai :
« *priez pour nous*. Ce sera notre entrée en conver-
« sation.

« Il est permis de conjecturer ce que pouvait être
« un entretien ainsi inauguré.

« Fernand avait pour ses condisciples les plus sages
« et les plus pieux une affection cordiale et dégagée
« de tout ce qui est humain et terrestre; mais il ne se
« séparait pas de ceux dont la conduite était moins
« édifiante. Il allait même vers eux dans l'occasion,
« et employait son talent de persuasion à les rendre
« meilleurs. Plus tard, un jeune homme, auquel on
« fermait les portes du séminaire à la fin des vacances,
« s'écriait : « Ah ! si Fernand avait été là, ce malheur
« ne me serait pas arrivé. »

Le triple témoignage que nous venons de produire
nous met sous les yeux le tableau parfait de la première phase de la vie du candidat apostolique, et déjà
il nous est permis de conjecturer quels fruits exquis
va offrir au divin cœur de Jésus ce nouveau *plant de
vigne*, arraché du champ du monde, et transporté dans
le jardin fermé de l'École Apostolique, sous l'influence
d'une rosée céleste si abondante et si féconde.

CHAPITRE II

**Fernand depuis son entrée à l'École Aposto-
lique de Bordeaux, jusqu'au jour où il fut
admis à prononcer son acte de consécration
d'Apostolique.**

L'Esprit Saint souffle où il veut et au moment
qu'il veut, et rien ne résiste à son action puissante.
Qu'il nous soit permis de rappeler ici un petit secret
que Mme Garrigue nous a déjà révélé, et d'en faire le
début de ce chapitre.

Fernand est en vacances, goûtant avec délices les
joies de la famille. La divine Providence avait choisi ce
moment pour lui faire la première ouverture de son dessein miséricordieux. Au milieu d'une joyeuse conversation, quelqu'un fait entendre le mot *Ecole Apostolique*. Fernand est saisi et une voix intérieure lui dit
au cœur : « Là est ta place. » Être enfant de l'Ecole
Apostolique !... Reposer plus près du cœur de Jésus !
Cette pensée est pleine de charmes pour le pieux enfant.
Être prêtre un jour !... Être l'apôtre du Cœur de Jésus !...
Aller porter la foi aux peuples sauvages ! C'est le rêve
du bonheur. Mais, ô surprise ! parmi les conditions
d'admission, on lit : « Le candidat apostolique doit
renoncer au plaisir de prendre ses vacances au sein
de sa famille. » Cette perspective inattendue accable
le cœur si aimant du petit enfant.

« — Je quitterais, si jeune et pour toujours, un père,
« une mère si bons, si tendres!... Je ne le puis pas. »

C'était le *transeat a me calix iste!* Que ce calice
s'éloigne de moi. Le *fiat voluntas tua* ne viendra que
plus tard.

A la vue de cette répugnance invincible, les parents
évitèrent avec soin d'agiter cette question, et Dieu
lui-même garda le silence quelque temps. Mais un
jour, à la sainte messe, la voix mystérieuse se fit
entendre de nouveau : *Fernand, ta place est à l'École
Apostolique*. Et cette fois la voix était si douce, si
pénétrante, et portait avec elle une telle force de persuasion que Fernand fut vaincu. « Eh bien ! mon Dieu,
« vous le voulez, je sacrifie pour votre amour tout ce
« que j'ai de plus cher au monde. Je quitterai ma
« famille pour ne m'attacher qu'à vous seul. » Et le
jeune soldat de J.-C. resta inébranlable dans sa résolution.

« Celui qui écoute ma parole, » disait le Sauveur
aux Juifs, « est semblable à un homme sage qui pose
sa maison sur le roc. » Fernand, docile à la voix de
Dieu, va commencer à construire l'édifice de sa perfection sur le roc, et sa construction résistera et au
vent des affections humaines et au torrent des sacrifices qui vont se multiplier sous ses pas.

I

PREMIÈRES IMPRESSIONS DE FERNAND A L'ÉCOLE
APOSTOLIQUE

Le 23 octobre 1874, Fernand Garrigue disait un dernier adieu à sa famille et venait se mettre à la suite
de Jésus à l'École Apostolique de Bordeaux. Le Maître

des Apôtres, qui ne se laisse jamais vaincre en générosité, alla au devant de son jeune disciple et eut bientôt cicatrisé la blessure faite à son tendre cœur par une si cruelle séparation.

Énumérant plus haut les caractères distinctifs d'un aspirant apostolique, nous disions : « *Le vrai candidat* « tombe dans sa chère Ecole comme un corps déplacé, « qui retrouve son centre d'attraction, aussitôt qu'il « est libre d'obstacle. L'Ecole a pour lui les attraits « d'un petit paradis terrestre... »

Laissons notre Fernand nous révéler lui-même ses impressions dans sa première lettre de bonne année à la famille :

« Je vous désire, chers parents, une année heureuse, « sous tous les rapports. Pour moi, je ferai tous mes « efforts pour être agréable à Dieu et à vous, bien- « aimés parents, qui faites tant de sacrifices pour mon « bien. Que ne vous dois-je pas ? Que ne dois-je pas au « bon Dieu ? Il me comble sans cesse de nouvelles fa- « veurs, auxquelles je réponds si mal. C'est lui qui « m'a envoyé dans cette maison. Oh ! la première fois « que la proposition me fut faite d'y entrer, j'avais « bien peu réfléchi à ce déluge de grâces dont je devais « être inondé. Le bon exemple, que me donnent cha- « que jour mes frères bien-aimés, me montre combien « j'ai à faire. Priez donc pour moi. »

Les sentiments de générosité de la famille Garrigue étaient au niveau de ceux de l'enfant. La vertueuse mère répondait à cette lettre :

« Mon petit Fernand, deux mots seulement pour te « remercier de ta bonne lettre. Je constate une fois de « plus que tu es à la place où le bon Dieu te voulait.

« Remercie bien ce bon Maître, cher enfant, et tra-

« vaille avec courage à te rendre digne des faveurs
« célestes. Pour moi, cher petit, je m'en reconnais tel-
« lement indigne que j'éprouve un désir ardent de
« demander à tout le monde l'aumône de leurs prières,
« afin d'être aidée ainsi à remercier le bon Jésus. Toi,
« Fernand, n'oublie pas de le remercier à toute heure
« du jour. Supplie saint Louis de Gonzague, saint Sta-
« nislas et le Bienheureux Berchmans de t'obtenir la
« grâce de marcher sur leurs traces. »

Voilà donc le nouvel apostolique dans son petit
paradis terrestre, en pleine jouissance du centuple
promis aux vrais disciples de J.-C. L'École est sa mère
adoptive et ses nouveaux condisciples, ses frères bien-
aimés. Cet amour filial et fraternel ira grandissant
jusqu'à son dernier soupir. Nous le verrons un jour
faire le sacrifice de sa santé, et même de sa vie, plutôt
que de se séparer pour un temps de sa chère École
Apostolique.

II

AVEC QUELLE GÉNÉROSITÉ FERNAND S'ÉLANCE
DANS SA NOUVELLE VOIE

Un aspirant, dès son entrée à l'École, n'obtient pas
son titre d'élève apostolique. La prudence exige que
les supérieurs s'assurent, par eux-mêmes, que le candidat possède les qualités requises par les règlements.
Les premiers mois sont donc un temps de postulance
et d'épreuve. Durant ce temps, on met entre les mains
de l'enfant l'instruction suivante :

« Ils se rappelleront que les six premiers mois sont
« un temps d'épreuve qui doit décider de leur admis-
« sion définitive ou de leur renvoi. Ils s'efforceront

« donc pendant ce temps de se corriger des défauts
« qui pourraient être un obstacle à leur vocation, et
« d'acquérir les qualités et les habitudes qui assure-
« ront leur persévérance. » (I, 2.)

Fernand, dès le début, met la main à l'œuvre avec
un tel courage et un tel succès, qu'après un court séjour à l'École, sa vertu exemplaire, son édifiante piété
et sa régularité parfaite, attirèrent l'attention de
ses condisciples. L'un d'eux, dans une lettre collec-
tive aux apostoliques d'Avignon, écrivait les lignes
suivantes, faisant allusion à l'apostolique Fernand
Garrigue :

« Notre école de Bordeaux compte à peine une an-
« née d'existence, et elle commence déjà à se parer
« d'éclatantes fleurs. Parmi ceux de nos frères, entrés
« cette année, il en est un surtout qui semble destiné
« à faire honneur au R. P. de Foresta et lui prouver
« que notre jardin fait aussi croître les lis. Notre
« frère est un modèle accompli de régularité. Je ne
« crois pas l'avoir vu se rendre coupable de la moindre
« infraction, et tous nos frères, je pense, rendraient le
« même témoignage. »

Fernand, dès les premiers jours, s'annonçait comme
un apostolique exemplaire.

III

FERNAND DOUÉ D'UNE DROITURE ET D'UNE PRÉCOCITÉ DE JUGEMENT AU-DESSUS DE SON AGE

L'honorable ecclésiastique qui initia notre apostolique aux premiers éléments nous a insinué que son
jeune élève avait reçu de la nature un esprit *lent
à concevoir, une imagination tardive, et une mé-*

moire ingrate. Les directeurs de Périgueux n'ont fait que confirmer ce jugement.

Mais hâtons-nous de dire qu'une telle disposition providentielle nous permet d'admirer une fois de plus la sagesse divine dans la répartition des dons naturels. Si notre Fernand ne fût pas favorisé par l'auteur de la nature de ces qualités brillantes de l'esprit, qui sont trop souvent plus nuisibles qu'utiles, il possédait, en revanche, dans un degré bien supérieur, des dons naturels autrement précieux dans un candidat pour la vie apostolique, c'est-à-dire une énergie de volonté non commune, qui le rendra supérieur aux obstacles et donnera un lustre particulier à sa vertu. Nous aurons à constater, dans la suite, des succès inattendus, fruits précieux d'un travail énergique, qui sera qualifié plus d'une fois d'excessif. — A cette énergie de volonté, venait se joindre une admirable rectitude de pensée et de jugement qui étonnait tous ceux qui entraient en contact avec lui.

Un des Pères les plus graves du collège de Tivoli formulait un jour son appréciation sur cet enfant dans les termes suivants : « Je n'ai eu, avec ce cher apostolique, que quelques relations de circonstance ; mais, en toute occasion, j'ai remarqué en lui un sens et une maturité de jugement bien au-dessus de son âge. La divine Providence pourrait bien le juger mûr pour une meilleure vie. »

Quelques mois plus tard, en effet, la mort faisait droit à ces justes appréhensions.

Nous croyons que ce fut cette droiture d'esprit, jointe à un sens pratique développé, qui inspira au jeune postulant le choix d'une *vertu-mère* ou *base fondamentale* de l'édifice spirituel qu'il se proposait d'ériger à la gloire du Cœur de Jésus. La première des béatitudes attira son attention, *Beati pauperes*. Et cette pauvreté évangélique, que saint Ignace inscrit en tête de la série des vertus chrétiennes et religieuses, et qui est le premier degré vers la douce humilité du Cœur de Jésus, fixa son choix.

La sainte pauvreté évangélique sera donc la vertu favorite de Fernand. Nous verrons, dans la suite, comment le courageux enfant pratiqua dans le détail la pauvreté effective, afin d'arriver sûrement, et par voie directe, à la pauvreté d'esprit. Pour le moment, bornons-nous à montrer comment le jeune apôtre s'engage dans cette voie étroite, épineuse, qu'on appelle *pauvreté évangélique*.

Un enfant de ce caractère, on le conçoit, devait être l'idole de la famille; et il ne fallut rien moins que la voix du Ciel pour triompher des résistances du cœur maternel. Cependant M\ :sup:`me` Garrigue consentit au départ de son cher enfant; mais ce fut après l'avoir chargé de présents, de ces petits riens qu'un cœur de mère est si ingénieux à découvrir, et qui sont si propres à captiver un cœur d'enfant.

Fernand accepta toutes ces offrandes; mais, le lendemain de son entrée en communauté, il allait déposer toute cette petite fortune aux pieds de son supérieur.

« Mon père, » disait-il, « voici des objets inutiles qui ne feraient qu'entraver ma liberté. La sainte pauvreté me fait un devoir de m'en dépouiller..... Dégageons le cœur pour faire place à Jésus, à Marie et à Joseph. »

Nous avons dit qu'ils étaient les trois amis de prédilection de Fernand dès l'âge le plus tendre.

Les apostoliques épiaient en silence cette manœuvre, mais non sans admiration. Ils voyaient dans leur nouveau frère le jeune apôtre, qui abandonne barque et filets et s'élance avec un dégagement complet à la suite du divin Maître.

Un de ses condisciples, qui avait noté ce trait d'édification, nous communique le détail suivant :

« On s'aperçut, au début, que Fernand venait cher-
« cher à l'École Apostolique un bien autrement pré-
« cieux que celui que le monde promet ou ambitionne.
« Pour atteindre son but, on le vit jeter à la mer tout
« ce qui lui paraissait de nature à ralentir son essor
« vers Jésus. Il arrivait portant toute une cargaison
« d'objets divers, fournitures de bureau, livres, etc.,
« qu'il avait acceptés sans doute par complaisance
« pour son excellente mère. Que fit-il? *Dispersit dedit*
« *pauperibus*. En les retenant, il aurait cru porter
« atteinte à la pureté et à la perfection de la sainte
« pauvreté. A la sacristie, il légua une précieuse petite
« boîte. Tout le reste sans réserve, fut remis au biblio-
« thécaire pour en disposer. »

IV

FERNAND ADMIS A PRONONCER AUX PIEDS DE L'AUTEL
L'ACTE DE CONSÉCRATION D'APOSTOLIQUE

Un peu plus de deux mois s'étaient écoulés depuis l'entrée de Fernand à l'École Apostolique. Sa régularité, son obéissance, sa douceur et l'estime générale dont il jouissait, permirent aux supérieurs d'abréger notablement le temps de l'épreuve. Le 10 janvier, fête de Jésus au temple à l'âge de douze ans, en pré-

sence de ses frères et de ses maîtres, Fernand pros-
terné au-pied de l'autel prononçait avec une vive
émotion l'acte de consécration qui lui assurait le titre
et la qualité d'apostolique :

« O bienheureux Berchmans !

« Vous, qui, après Jésus, Marie et Joseph, êtes le
« premier patron des Écoles Apostoliques, moi, Fer-
« nand Garrigue, je viens, sous votre protection, me
« consacrer solennellement à Dieu, et je prends la
« résolution de devenir un parfait apostolique. Obte-
« nez-moi de réaliser ce beau nom, qui signifie élève
« modèle, voulant devenir apôtre, comme mission-
« naire ou religieux, dans un ordre voué à l'apos-
« tolat.

« C'est pourquoi je vous supplie de m'obtenir la
« grâce de vivre comme vous avez vécu, et de mourir
« comme vous, en baisant le crucifix, le livre des
« règles et le chapelet, objets que j'aurai appris à
« chérir à l'Ecole Apostolique. — Ainsi-soit-il. »

Fernand vient de franchir la limite qui le tenait
séparé de sa chère École. Le voilà incorporé à la petite
famille du Cœur de Jésus. Il n'appartiendra désormais
qu'à son Bien-Aimé.

Il se hâte de communiquer la bonne nouvelle à sa
pieuse mère :

« Dimanche dernier », écrit-il, « le bon Dieu m'a
« fait une grande grâce : j'ai été reçu apostolique.
« Oh ! cela m'a fait un très grand plaisir. Aussi main-
« tenant je vais redoubler d'ardeur pour lui plaire.
« Je suis bien imparfait. Priez bien pour moi, afin
« que je devienne plus sage. »

Quelques jours plus tard, l'enfant revient sur le
même sujet :

« J'espère que je deviendrai de jour en jour plus sage,
« pour plaire au divin Cœur de Jésus, qui m'a comblé
« de tant de grâces, celle surtout de me faire entrer
« dans cette maison bénie que j'aime de plus en plus,
« étant témoin de toutes les grâces qu'on y reçoit.
« Combien d'enfants enveloppés de ténèbres auraient
« mieux profité que moi de ces grâces! Jugez si je ne
« dois pas être reconnaissant envers ce divin Cœur.
« Je n'avais pas su apprécier mon bonheur; mais
« maintenant que je le possède, je suis par trop heu-
« reux. »

Tels sont les débuts de notre Fernand à l'Ecole
Apostolique. Ne pourrions-nous pas dire déjà que ce
jeune cœur fut comme une terre bénie pour laquelle
le Seigneur tenait en réserve une pluie de faveurs
« *une pluie volontaire.* » *Benedixisti, Domine, ter-*
ram tuam. Pluviam voluntariam segregabis, Deus,
hæreditati tuæ. (Ps., LXVII, 10.)

Les chapitres suivants feront voir que cette *terre*
bénie n'eut garde de rien perdre de la céleste rosée,
mais qu'elle la mit à profit pour produire le centuple
de la semence qui lui fut confiée.

CHAPITRE III

Fernand Garrigue s'exerçant à la vie commune du 10 janvier 1875 au 1er juin 1876.

Avant d'entrer dans cette seconde phase de la vie de notre Apostolique, il ne sera pas inutile de donner quelques renseignements préliminaires sur l'esprit et le caractère propres de l'œuvre du R. P. Albéric de Foresta.

L'École Apostolique n'est point un petit séminaire, moins encore est-elle un collège proprement dit. Elle se propose un but différent, et proportionne ses moyens d'action à la fin qu'elle envisage.

L'École Apostolique est une humble famille, se dérobant le plus possible aux regards du public, comme celle de Nazareth, dont elle s'applique à reproduire fidèlement les traits caractéristiques. Tous les membres de cette jeune famille sont étroitement unis entre eux et à leurs directeurs par les doux liens d'une affection toute filiale et fraternelle. Ses moyens de subsistance ne sont autres que les fonds même de la divine Providence, c'est-à-dire les fruits journaliers de la charité publique. Le vrai trésor de l'Apostolique réside au fond de son cœur. C'est une joie, un calme, un bonheur inaltérables, que le monde ignore, et qui ne sont que le *centuple* promis au disciple fidèle et généreux qui a tout quitté pour s'attacher inviolablement aux pas du divin Maître.

L'Enfant Jésus, âgé de douze ans, au milieu des docteurs et d'une nombreuse assistance, affranchi volontairement de la famille naturelle, pour s'occuper des intérêts du Père Céleste : tel est le premier type proposé à l'imitation constante de l'élève Apostolique. Sans cesse on le lui remettra sous les yeux, afin d'en faire ressortir tous les traits et les graver profondément dans son esprit et dans son cœur.

L'école attend de ses enfants, qu'après avoir imité fidèlement ce modèle divin dans sa vie humble et cachée, ils le reproduisent avec un égal succès dans sa vie publique (1).

L'évangile est sobre de détails lorsqu'il s'agit de la vie cachée du Sauveur. Il nous révèle cependant trois traits caractéristiques, qui nous semblent résumer avec une admirable concision toute la vie d'un élève Apostolique.

1° « *Et il leur était soumis. Et erat subditus illis* ». Soumission et obéissance sans réserve et sans mesure : telle est la vertu saillante de l'Enfant de Nazareth. Cette même vertu, pratiquée à la perfection dans ses trois degrés, exécution, volonté et jugement, sera aussi la note saillante du fervent Apostolique. Elle sera pour lui comme le moule mystérieux dans lequel sera élaboré et perfectionné « le vase d'élection destiné à porter le nom de Jésus aux peuples et aux rois. »

---

(1) Par rescrit pontifical, en date du 26 mai 1874, Sa Sainteté Pie IX accorda aux directeurs et aux élèves des écoles apostoliques, présentes et futures, le privilège de célébrer chaque année, le dimanche dans l'octave de l'Epiphanie, avec un office et une messe propres, la fête de *Jésus retrouvé au temple à l'âge de douze ans*.

2º « *Et Jésus grandissait en sagesse, en âge et en grâce devant Dieu et devant les hommes.* » « L'obéissance, dit un Père de l'Eglise, jette dans une âme la semence de toutes les vertus, et, après les avoir fait germer, elle les y conserve. » L'Apostolique, sous l'influence de cette précieuse vertu, grandit aussi dans l'ombre sous le regard de Dieu, à l'exemple du divin modèle. Il grandit aussi devant les hommes, et cet accroissement sensible il le fera paraître en présence de ses maîtres et de ses condisciples par la modestie de sa tenue, par sa piété, son humilité et son application couronnée de succès.

3º Il arrivera sans doute au jeune Apostolique de rencontrer sur sa voie les importunités d'une famille plus sensible à la voix de la nature qu'à celle du Ciel. Le divin modèle lui met en main l'arme défensive : « Ne saviez-vous pas que je dois être avant tout aux intérêts de mon Père ? »

Le programme d'action de l'élève apostolique est résumé dans cette règle fondamentale :

« Que tous, une fois admis, comprennent bien que
« l'École Apostolique est une **école de sainteté**. Ils
« estimeront donc, à sa juste valeur, la sublimité de
« leur vocation, et pour y correspondre pleinement ils
« chercheront à développer tous les jours en eux-
« mêmes **l'amour de Dieu, l'amour du prochain**, et,
« autant que le comporte leur âge, **l'amour de la**
« **croix**, cherchant à implanter solidement dans leur
« cœur ces trois vertus sans lesquelles ils ne pourraient
« être de dignes instruments du salut des âmes. »
(Règ., ii, 4.)

L'École Apostolique est donc une *école de sainteté,*

mais d'une sainteté spécialement caractérisée par la pratique de trois vertus plus saillantes : *amour de Dieu, amour du prochain, amour de la Croix.*

Nous allons voir, dans le cours de ce chapitre, comment notre Fernand, par la pratique constante et généreuse de cette triple vertu, réussit à s'élever rapidement à la perfection propre de son état.

§ 1. — Amour de Fernand envers Dieu.

L'amour de Dieu, tel que l'École Apostolique le demande de ses enfants, a son principe et son aliment dans l'intimité même du cœur de Jésus dans la sainte Eucharistie. A cet effet, elle leur donne comme règle de vie l'instruction suivante :

« Ils auront une dévotion toute d'amour à la sainte « Eucharistie et au Sacré-Cœur. C'est là qu'ils trou-« veront un bonheur qui les dégoûtera des fausses « joies du siècle; c'est là qu'ils puiseront pour l'avenir « des trésors de lumière et de force auxquels ne résis-« teront ni les infidèles, ni les pécheurs les plus « endurcis. Mais, afin de disposer leur cœur au grand « bienfait de la sainte communion, ils auront soin de « le purifier par le sacrement de pénitence, dont ils « s'approcheront avec de grands sentiments de foi de « respect et componction. » (Règ., ii, 14.)

Fernand médita cette importante règle, et comprit que le Sacré-Cœur de Jésus, dans l'eucharistie, devait être le principe, le centre et le régulateur unique de ses affections.

Le jeune Apôtre puisa à cette source divine la vie d'amour par torrents. Il pouvait dire, comme l'Apôtre

des nations, en altérant légèrement son expression :
« *Ce n'est pas moi qui vis, c'est le Cœur de Jésus qui
vit en moi.* » Fernand aimait à se considérer lui-même
sous l'emblème d'un plant de vigne, arraché du champ
du monde, et transporté dans le *jardin fermé* de
l'École Apostolique. Sa chère École lui apparaissait
sous la forme allégorique de cette *vigne choisie*
décrite au chapitre V d'Isaï. Il considérait que les
racines de tous ces plants mystiques plongent dans le
cœur adorable du Sauveur, et que les tiges, avec leurs
ramifications, se nourrissent de la chair et du sang
d'un Dieu. A ses yeux, tous les fruits spirituels de cette
vigne mystique dérivent, par voie directe, du Cœur de
Jésus et doivent, en rigueur de justice, retourner au
Maître de la Vigne sans détour et sans partage.

Telles étaient les dispositions générales du fervent
Apostolique dans l'intime du cœur. Et ces dispositions,
il savait les alimenter et les développer en lui par
mille petites industries, dont le récit montrera quel
esprit intérieur vivifiait ses actions, et produisait de
généreux élans de tendre affection vers l'unique objet
de son amour.

L'image du Cœur de Jésus. — « Je bénirai les lieux
où l'image de mon cœur sera exposée et honorée. »
Fernand ne négligera pas cette source de bénédiction.
On le verra, à l'étude et en classe, tenir devant ses yeux
sa modeste image du Sacré-Cœur. Il la fera suivre
fidèlement dans ses cartons et ne s'en séparera jamais.
Il rencontrera plus d'une fois le sourire désapproba-
teur de condisciples moins pieux ; mais on ne le sur-
prendra jamais sacrifiant au respect humain, et s'attirera la glorieuse dénomination *de petit saint* de la

part même de ceux qui mettaient le plus à l'épreuve
sa vertu.

Fernand savait que toute expression extérieure
d'amour n'a de consistance et de valeur réelle qu'autant qu'elle est le rayonnement d'un feu secret qui
brûle au fond du cœur. C'est ce foyer que l'Apostolique
s'appliquait à rendre de jour en jour plus ardent. Il
avait appris par des révélations authentiques que le
Sacré-Cœur de Jésus est une fournaise d'amour, et que,
pour être consumé, il faut s'approcher, se plonger
même dans le brasier. Par la sainte communion, il
mettrait son cœur en contact immédiat avec ce feu
divin.

« L'élève apostolique, en règle générale, s'approche
« de la sainte Table tous les dimanches et les jours de
« fête, après avoir purifié sa conscience, une fois
« dans la semaine, par le sacrement de pénitence. »
(Règl., iii, 94).

Ce festin hebdomadaire n'était pas suffisant pour
étancher la soif ardente du pieux enfant. S'il survenait dans la semaine une fête même secondaire de
quelqu'un de ses trois amis de prédilection, Jésus,
Marie, Joseph, le cœur de Fernand demandait une
communion supplémentaire. Bien plus, on lui aurait
imposé un grand sacrifice, en le privant de la communion du vendredi de chaque semaine.

Mais, comment se préparait l'Apostolique à cette
action importante ? Il savait, par une expérience personnelle, qu'une fervente communion est le fruit d'une
préparation diligente. Aussi, mettait-il toute son application à orner et embellir le tabernacle vivant dans
lequel il voulait installer son Bien-Aimé. Lorqu'un
rayon de lumière vient à traverser un milieu obscur, il

met en évidence tous les atômes qui voltigent dans l'air. On observait un phénomène analogue de l'ordre surnaturel dans notre jeune Apostolique. Son âme simple et candide, pénétrée par un rayon lumineux du Soleil de Justice, ne voyait que poussière et taches dans tous les détails de son innocente vie, et il eût éprouvé une vraie répugnance à s'approcher de la table sainte sans avoir purifié son âme par le sacrement de pénitence.

A-t-on besoin de dire quels étaient les effets de la sainte-Eucharistie dans un cœur ainsi disposé? L'âme de Fernand, ainsi dégagée de tout principe de vie naturelle, était semblable à un combustible inflammable jeté dans un brasier, ou mieux encore à un métal précieux soumis à l'action du creuset, pour s'y dégager des éléments hétérogènes, et se rendre docile aux opérations de l'artiste.

Fernand et le Trésor du cœur de Jésus. — Le fervent Apostolique avait sous la main un moyen souverainement efficace pour entretenir et développer en lui cette précieuse délicatesse de conscience dont nous venons de parler. C'était une pratique traditionnelle de l'Ecole Apostolique, désignée sous le titre de *Trésor du cœur de Jésus.*

Le Jeudi soir de chaque semaine, on fait la collecte générale de toutes les *prières, bonnes œuvres* et *mortifications* offertes au Sacré-Cœur durant les huit jours. Le lendemain, le résultat de cette collecte est déposé sur l'autel, comme bouquet d'agréable odeur. A la fin du mois, le fruit de toutes les collectes hebdomadaires va grossir le trésor général du Sacré-Cœur.

C'était l'œuvre de prédilection de Fernand. Son cœur y trouvait un aliment substantiel à son amour pour

Dieu et à son zèle pour les âmes. Le matin, dès le réveil, il jetait la semence, en purifiant son intention et la dirigeant vers le centre unique de tous ses mouvements. Le soir, vers la fin de ses études, il se réservait quelques minutes pour recueillir les fruits de la journée et faire un juste discernement de ce qui pouvait être offert de ce qui devait être rejeté. Il avait son livret et taxait de négligence coupable toute omission en cette matière.

Sa délicatesse de conscience le rendait intransigeant envers lui-même. Il se serait gardé de présenter à l'autel un fruit qu'il n'aurait pas cru digne de son Bien-Aimé. « Jésus, » disait-il, « n'attend d'un Aposto- « lique que des fruits d'amour. Tout ce qui ne dérive « pas de ce principe doit être considéré comme fruit « vermoulu. »

Il aura recours à son directeur pour faire préciser les qualités des fruits que l'Apostolique doit déposer dans le Trésor du Cœur de Jésus. Au milieu d'un travail entrepris pour la gloire de Dieu, survient-il une pensée d'amour-propre ou de vaine satisfaction? Le démon ou la nature font-ils intervenir quelque motif humain? Fernand estimait son œuvre gâtée et indigne de Jésus. Plus d'une fois, le Père spirituel dut intervenir pour corriger les pieuses exagérations d'une conscience timorée à l'excès.

L'amour divin n'était pas un feu sous la cendre dans le cœur de l'Apostolique. — Par l'entremise de sa pieuse mère, il invite son cher filleul, le jeune Emmanuel, à travailler, lui aussi, au Trésor du Cœur de Jésus : « Je lui conseille (à Emmanuel), » écrivait-il le 25 janvier 1875, « une pratique bien courte, mais « bien agréable au Sacré-Cœur. Elle consiste à lui

« offrir toutes tes actions de la journée sous les trois
« chefs : *Œuvres, prières, mortifications*. A l'heure
« du lever et à la sainte messe, il consacrera toute sa
« journée au divin Cœur. Avant chaque action, il élè-
« vera son cœur vers le bon Dieu, en lui disant : *Je
« vous offre cet acte*. Le soir arrivé, il marquera la
« somme des œuvres à leur colonne respective. Cette
« excellente pratique lui donnera droit à une indul-
« gence de 100 jours pour chaque bonne œuvre accom-
« plie à cette intention. Emmanuel fera connaître à
« papa ou à maman le total de ses profits, et il com-
« parera semaine à semaine, et jour à jour, pour
« constater s'il est en progrès. Dites-lui qu'il fera bien
« plaisir au Sacré-Cœur. »

En témoignage d'amour fraternel, le filleul envoie à
son cher parrain une gravure représentant Jésus prisonnier.

…. Fernand répond : « Tu m'as envoyé le *Divin
« prisonnier* en peinture ; Oh ! c'est bien l'image de
« Jésus au tabernacle, prison d'amour. Il est là, ce
« divin Prisonnier, priant sans cesse pour nous. Les
« hommes l'abandonnent et ne le visitent pas plus que
« s'il n'y était pas. Ne fais pas comme eux, cher frère.
« Dans la sainte Communion, tu puiseras l'amour et
« la force, cet amour ardent et cette force surnatu-
« relle qui nous font passer par-dessus les obstacles
« pour arriver à Jésus. C'est dans un de ces trans-
« ports d'amour que saint Chrysostôme s'écriait :
« « Que notre unique, notre grande douleur, soit d'être
« privés de ce divin aliment que Jésus nous offre à la
« sainte table. » Si toutes tes actions sont ainsi em-
« baumées du parfum de l'amour, si, à la fin du jour,
« en t'examinant (ce qu'il ne faut jamais négliger de

« faire), tu peux te rendre ce témoignage, oh! tu seras
« heureux. *Si tu savais le don de Dieu!* Les actions
« ainsi accomplies, tu pourras les noter sur ton
« cahier. »

On le voit encore ici, Fernand ne veut laisser entrer
dans le trésor du Sacré-Cœur que des *œuvres embau-
mées du parfum de l'amour*. Il se serait gardé de
conseiller une pratique, dont il n'aurait pas lui-même
expérimenté les salutaires effets.

Visites au Très S.-Sacrement. — Outre les visites
de règle, Fernand avait des permissions spéciales
pour en faire de surérogation. On aimait à le contempler dans un de ces moments, seul en face du
tabernacle, dans l'attitude de l'adoration et de l'anéan-
tissement.

« Fernand Garrigue » écrit un de ses maîtres, « était
« autorisé à passer quelques minutes à la chapelle
« durant les récréations. Il m'est arrivé quelquefois
« de me trouver à la tribune, à un de ces moments,
« dans un lieu d'où je pouvais le voir sans être aperçu
« de lui. J'étais témoin d'un spectacle que je ne sau-
« rais décrire. Agenouillé, les mains jointes, les yeux
« fixés sur le tabernacle, Fernand avait plus l'exté-
« rieur d'un ange que d'un enfant ordinaire. Ses traits
« prenaient une expression toute céleste, et son visage
« s'illuminait. Pas un mouvement, pas un signe; on
« eut dit un de ces anges adorateurs qu'on place en
« face du tabernacle. Tout cela était exécuté sans
« étude, sans contrainte aucune, sans précipitation,
« mais avec une modération et un calme admirables.
« Le pieux enfant vivait en présence de Dieu. Arrivé
« au pied de l'autel, il entrait aussitôt, tout entier et

« sans effort, par la pensée et l'affection dans l'intime
« du cœur de Jésus. »

Le même témoin continue : « La tenue de Fernand,
« bonne par tout, était particulièrement édifiante à la
« chapelle. Buste droit, ses mains jointes reposaient
« sur le dossier du banc, quelquefois croisées sur la
« poitrine, les yeux modestement baissés. Sa piété était
« une piété éclairée. Aussi avait-il soin de s'unir à tous
« les exercices communs. Il se faisait un devoir de
« chanter lorsque la communauté chantait; et, quand
« il devait servir à l'autel, il remplissait cette fonction
« avec le plus grand soin. On sait que l'enfant était
« naturellement abstrait, et cependant très rarement
« il était en défaut. Il avait mille petites industries
« dont il usait afin que ses distractions involontaires
« n'apportassent pas le moindre préjudice à la perfec-
« tion qu'il désirait donner à tous ses actes. »

« L'amour », dit saint Ignace, « se montre plus par
« les œuvres que par les paroles. » L'amour de notre
Apostolique pour la sainte Eucharistie ne fut pas un
amour théorique ou sentimental, mais un amour effectif, mis à l'épreuve du sacrifice. Quelle ne fut pas sa
joie lorsqu'il se vit investi des fonctions honorables,
sans doute, mais laborieuses de sacristain ! Le voilà
par office plus près de Jésus ! Il s'approchera plus
souvent du tabernacle ! Il dépensera son activité à
maintenir l'ordre et la propreté, à embellir l'humble
demeure de son Bien-Aimé ! Que pouvait-on trouver
qui fût plus en harmonie avec ses aspirations les plus
ardentes ?

Le nouveau sacristain prit sa charge à cœur. Il ne
se rebuta devant aucune difficulté, mais il s'y dépensa
tout entier. Il y apporta les deux dispositions qui font

le bon sacristain : *Recueillement, ordre et propreté.*
Par le recueillement il se mit en garde contre une inclination naturelle, qui porte à se familiariser avec les
choses saintes. Par l'*ordre et la propreté,* qu'il faisait
régner autour de lui, il nous révélait cet esprit de foi
qui lui représentait le lieu de ses fonctions comme la
demeure ou le palais de son Souverain.

Un de ses frères, qui l'assistait à titre de second sacristain, donne l'appréciation suivante : « J'ai eu le bon-
« heur d'être sacristain conjointement avec lui et sous
« son autorité pendant toute une saison. De très grand
« matin, durant les journées d'hiver, Fernand ne crai-
« gnait pas d'affronter les rigueurs du froid pour aller
« chercher des hosties au collège. Son bonheur était
« de les disposer dans le ciboire, de les porter lui-même
« sur l'autel. Je ne pus avoir cette satisfaction moi-
« même qu'une fois ou deux. Sa grande sollicitude en
« tout ce qui touchait au culte divin le faisait descen-
« dre jusqu'aux moindres détails. Il exigeait que tout
« fût à sa place. La veille des fêtes, il mettait en jeu
« toutes ses industries pour orner la chapelle. Il ne
« pouvait supporter aucune parole à la sacristie, et
« voulait même que le silence d'action y régnât à la
« perfection. On peut donner à Fernand la dénomina-
« tion de *sacristain modèle.* »

Piété. — Esprit de foi. — Pour faire ressortir ce
double côté de la vertu de l'Apostolique, nous nous
bornerons à reproduire un extrait d'une lettre que
l'enfant écrivait à sa mère dans les premiers jours
de 1876 :

« Vous me reprochez d'être avare de détails. Eh
« bien, je ne veux pas mériter ce reproche, et, pour

« ne pas m'en tenir à des promesses, je commence dès
« aujourd'hui à vous satisfaire. »

« Nous avons, dans notre salle d'étude, une belle
« statue représentant l'Enfant-Jésus à l'âge de douze
« ans. Elle porte attaché au cou un cœur couleur
« vermeil, où sont renfermés les noms de tous les Apos-
« toliques. Du haut de son petit trône, l'Enfant-Jésus
« abaisse ses regards vers nous. Il tient une main
« levée et du doigt nous montre le Ciel, terme de notre
« pèlerinage. De l'autre, il relève un pan de sa petite
« tunique, comme s'il voulait se rendre plus dégagé
« dans ses mouvements. De ce bras, il presse sur son
« cœur une croix à grandes dimensions. Oh ! il nous
« prêche d'une manière ravissante ! C'est sous son
« regard que je vous écris ces lignes, et c'est en
« levant mes yeux vers cette aimable figure que la
« pensée m'est venue de vous en parler.

« L'autre jour, par une matinée froide, un pauvre
« petit oiseau se glissa dans notre salle d'étude. Après
« avoir voltigé autour de l'appartement, il alla se
« placer sur la tête de l'Enfant-Jésus, encore tout trem-
« blant, comme pour se réchauffer auprès de cette
« fournaise d'amour. Au moindre bruit, il se mettait
« à voltiger autour de la salle ; mais il revenait inva-
« riablement au lieu de son repos. Pauvre petite créa-
« ture privée de raison ! Elle semblait reconnaître et
« goûter la consolation de vivre avec Jésus que les
« hommes non seulement ne veulent pas connaître,
« mais encore qu'ils méprisent trop souvent. »

C'est bien le langage de *l'âme juste qui vit de la
foi*. Une image muette, sans vie, placée devant ses
yeux est une prédication permanente, qui dégage son
cœur de la terre, place la croix sur ses épaules, fixe

ses pas à la suite de Jésus vers le calvaire et finalement vers le Ciel. — L'oiseau qui voltige, cherchant repos et chaleur, lui rappelle la fournaise ardente du Cœur de Jésus, asile de paix et de bonheur, lui révèle la folie et l'ingratitude des hommes qui s'éloignent volontairement de ce foyer de chaleur. Ce simple récit plein de naïveté, montre la place de choix que Notre Seigneur occupait déjà dans ce jeune cœur d'Apostolique.

Amour de Fernand pour la Reine des Apôtres et pour son glorieux Époux saint Joseph.

Un cœur dévoué à Jésus pourrait-il n'avoir pas une place de choix pour sa divine Mère et pour son glorieux Père Nourricier?

« Jésus, Marie, Joseph sont trois noms inscrits de toute éternité à la première page du livre de vie. » « L'Évangéliste », dit un savant auteur, « a réuni ces trois personnes par une chaîne merveilleuse, qui, des trois, n'en fait qu'une seule. » C'est une Trinité terrestre que le cœur des fidèles ne peut voir séparée.

Nous avons vu déjà Fernand aux jours de sa première enfance installer honorablement le Sacré-Cœur dans son pieux ermitage, et lui donner pour cortége Marie et Joseph. Cette Trinité terrestre était déjà l'objet de ses plus tendres affections. Cette triple dévotion ne fit que grandir dans son cœur. Aussi, trouvait-il très douce la règle de l'Ecole ainsi conçue :

« Jésus, Marie, Joseph : Voilà les trois grandes « dévotions catholiques. Elles sont aussi avant tout « celles de l'École Apostolique. Jésus est le Roi de « l'apôtre, Marie est la Mère, et Joseph son Gardien,

« son Protecteur, son Père Nourricier. Les élèves de-
« manderont sans cesse à Jésus sa douceur et son
« humilité, à Marie sa modestie et sa pureté angéli-
« que, à Joseph son recueillement et son dévouement
« sans bornes. » (R. II, 14, B.)

Dévotion de Fernand à la Très-Sainte Vierge. —
Toute la correspondance écrite du pieux enfant de
Marie, que nous avons sous les yeux, nous fournirait
de nombreux et intéressants détails sur son affection
toute filiale pour la Reine des Apôtres. Mais nous nous
bornerons à un seul extrait, qui nous semble résumer
tous les autres, que nous pourrions citer.

Le 6 février 1875, l'Apostolique prononce son acte de
consécration de congréganiste formé. Le voilà défini-
tivement incorporé à la petite famille privilégiée de
la *Reine des Apôtres.*

Il se hâte d'annoncer à sa famille cette heureuse
nouvelle : « Dimanche, 6 février, nous avons célébré
« une fête bien touchante. Onze nouveaux frères ont
« fait leur consécration d'Apostoliques. Mais c'était
« avant tout la grande fête de la congrégation de la
« *Reine des Apôtres.* Il y a eu trois congréganistes
« formés et deux approbanistes. Vous devinez pour-
« quoi cette fête m'a été particulièrement chère. J'ai
« été un des trois premiers. C'était depuis longtemps
« l'objet de mes vœux les plus ardents. Vous dire la
« joie et le bonheur que me procura cette promotion
« est chose impossible. Oh ! maintenant je suis tout à
« fait enfant de Marie, j'ai un droit plus spécial à ses
« grâces et à ses faveurs. Aussi dans mes peines, comme
« dans mes joies, dans mes doutes et tous mes besoins
« c'est à Marie que je m'adrese, en lui disant qu'Elle

« ne peut rien me refuser, puisqu'Elle m'a accepté
« comme un de ses enfants de prédilection. »

Ce détail montre quelles seront désormais les relations intimes qui vont s'établir entre le fils et la mère.
L'Apostolique, par acte solennel, vient d'établir au
centre de son cœur Marie à côté de Jésus. L'un lui
inspirera *douceur* et *humilité,* l'autre *modestie* et
pureté angélique.

Plus loin on verra l'enfant de Marie, le 15 août 1877,
huit jours avant le trépas, offrir à sa glorieuse Reine,
comme bouquet de fête, le jour de son triomphe dans
le ciel, le vœu de virginité perpétuelle, vertu qu'il
avait préservée sans tache dans le jardin fermé de
l'École Apostolique, comme on conserve un lis dans
un lieu solitaire, sous l'influence d'une douce tempé-
rature et à l'abri de tout contact impur.

Dévotion de Fernand à saint Joseph. — La correspondance écrite de notre Apostolique n'est pas
moins explicite à l'égard de saint Joseph qu'à l'égard
de son auguste Epouse. Désireux d'accomplir la lettre
même de sa règle, Fernand choisit ce grand saint pour
être son *Gardien,* son *Protecteur,* son *Père Nourricier.* On verra par la suite de ce récit que saint-Joseph
fut en effet le modèle de son *recueillement* et de son
dévouement à Jésus et à Marie.

Le 30 mars, Fernand envoie à sa famille le résultat
de son examen semestriel. Il attribue ses succès à une
assistance particulière de son céleste Protecteur.

« J'ai enfin le loisir de causer un moment avec vous,
« car nous sommes en vacances depuis lundi matin.
« Grâces à Dieu, mon examen a été bien passé; mais
« grâce aussi à saint Joseph, qui ne refuse rien à ceux

« qui le prient avec confiance. La neuvaine que je
« vous avais demandée a donc été efficace. A qui
« l'honneur ? A saint Joseph. J'ai eu la note *optime*
« qui signifie *très bien*. Je n'ai pas pu arriver à *l'emi-*
« *nenter*, qui est une note supérieure ; mais soyons
« contents et remercions saint Joseph. C'est lui qui
« m'a valu *l'optime*. Puisque saint Joseph est si géné-
« reux demandez-lui qu'il m'obtienne la piété et la
« sagesse, bien plus nécessaires encore que tout le
« reste. »

Dans un cas de grande détresse Fernand veut que
toute sa famille tourne ses regards vers le Sacré-Cœur
de Jésus, mais par l'entremise du tout-puissant
Ministre du Roi des cieux.

« Papa », écrit-il, « demande le secours de mes
« prières pour soutenir son courage au milieu de ses
« nombreuses épreuves. Je vous dirai, en passant,
« mettez votre confiance dans le cœur adorable de
« Jésus. Rien de plus touchant que la fidèle sollici-
« tude avec laquelle il soutient ses amis et leur vient
« en aide. Si vous avez besoin de recommander vos
« affaires temporelles, adressez-vous à saint Joseph,
« le Ministre dévoué du Sacré-Cœur. »

Plus loin nous parlerons d'un petit répertoire d'histoires choisies et de traits édifiants que le fervent
Apostolique avait sous la main pour récréer ses frères
en les édifiant. Saint Joseph avait sa large part dans
cette collection.

Enfin dans le cours de cette histoire nous rencontre-
rons quantité de détails qui montrent, d'un côté, la
confiance filiale de l'Apostolique en saint Joseph, et
de l'autre côté la sollicitude toute paternelle dont il
sera l'objet de la part de son céleste Protecteur.

§ II. — Amour de Fernand pour le prochain.

Le Docteur Angélique nous enseigne que « c'est
« une même habitude de charité qui produit l'amour
« de Dieu et celui du prochain ». Les deux comman-
« dements n'en font qu'un, et le second est semblable
« au premier : « *Vous aimerez le prochain, comme*
« *vous-même.* » Ce second paragraphe a donc une
connexion intime avec le précédent.

Un fervent disciple du Cœur de Jésus n'observerait-
il pas à la perfection le *précepte du Seigneur ?*
Le Cœur de Jésus est un *feu consumant.* Un cœur
d'Apostolique pourrait-il se mettre en contact permanent avec ce brasier sans en prendre les vives ardeurs ?
Fernand aima son prochain d'un amour généreux, et
sut imprimer à cet amour le caractère essentiel de la
vraie charité, en y apposant le sceau du sacrifice.

Semblable à un fleuve majestueux qui épanche ses
eaux en une multitude de canaux différents, afin de
multiplier dans son parcours son action bienfaisante,
la charité chrétienne, une dans son principe, se mul-
tiplie dans son objet pour le féconder et l'enrichir.

Fernand Garrigue, ami dévoué du Cœur de Jésus,
montra un amour tendre et généreux pour l'*Ecole
Apostolique,* sa mère adoptive, pour ses *Supérieurs*
et *Maîtres, pour les Apostoliques,* ses frères en Jésus-
Christ, pour *ses parents et amis laissés* dans le
monde, enfin pour les étrangers de toute condition.

Mais, à l'exemple du divin modèle, qui eut des
affections plus intimes et plus tendres pour son
Auguste Mère, pour son Disciple bien-aimé, Fernand

sut également établir des degrés dans l'estime et l'affection qu'il avait vouées au prochain.

Son amour de prédilection fut donc pour sa mère adoptive, qu'il nommait avec délices : *Sa chère École Apostolique.*

A. — AMOUR DE FERNAND POUR L'ÉCOLE APOSTOLIQUE.

Nous avons déjà rapporté plus haut ce qu'écrivait Fernand environ deux mois après son entrée à l'École : « C'est le bon Dieu qui m'a envoyé dans cette maison « bénie.... Il me serait bien pénible de quitter cette « chère maison. »

C'est l'enfant de treize ans qui, trois mois avant cette date, ne croyait pas qu'il fût possible de rompre les liens qui le fixaient à la famille naturelle. Quelle étonnante transformation !

Et cet amour filial ira grandissant jusqu'au dernier soupir. Trois mois plus tard, parmi les grâces signalées qu'il reçoit du Cœur de Jésus, il mentionne spécialement « celle de l'avoir fait entrer « dans cette maison, qu'il aime et chérit de plus en « plus. »

L'année suivante 1876, Fernand écrit à son oncle Jésuite : « Le Sacré-Cœur se rend de plus en plus aima- « ble à mon égard, et me fait sentir puissamment les « douceurs qu'on goûte dans cet océan d'amour. « Certes, si j'ai quitté le monde depuis deux ans, je « n'en ai aucun regret. J'ai au contraire toutes les rai- « sons de m'en réjouir grandement. »

Et il ajoute au sujet des vacances : « Nous sommes « en vacances, et bien que nous soyons séparés des

« familles, elles seront très joyeuses. Cela s'explique
« aisément. La grâce du bon Dieu, qui est avec nous,
« fait trouver exquis tout ce qui lui plaît. »

Toute la correspondance de cet enfant n'est, pour
ainsi dire, qu'une exclamation incessante de reconnaissance et de bonheur de ce qu'il a été si miséricor-
dieusement choisi pour devenir par adoption l'enfant
d'une telle mère.

*Amour effectif de Fernand pour l'Ecole Apos-
tolique.* — L'amour de notre enfant pour sa mère adoptive se traduisait mieux encore par ses œuvres que
par ses paroles. — Bornons-nous à citer un trait bien
caractéristique.

On sait que les élèves Apostoliques fréquentent les
cours du collége de Tivoli. Une règle spéciale leur
trace l'esprit qui doit les animer, et la ligne de conduite qu'ils doivent suivre sur cet important théâtre
de leur zèle. « Une vigilance scrupuleuse leur est
« nécessaire pour ne pas céder à un lâche respect
« humain, ou se laisser influencer par des condisciples
« qui voudraient mettre à l'épreuve leur fidélité. La
« classe est pour eux comme un champ de bataille, et
« en même temps, une occasion de faire du bien aux
« âmes par leur exemple. Ils seraient indignes de
« l'Ecole Apostolique, si, oubliant les grâces qu'ils
« reçoivent de la divine Bonté, ils allaient imiter les
« écoliers indisciplinés, et perdre cet esprit de piété,
« de travail et de régularité, qui seul peut les rendre
« agréables à Notre-Seigneur. Au milieu d'un désor-
« dre général, s'il venait à se produire, il faut qu'en
« jetant les yeux sur les élèves Apostoliques, les cou-
« pables y trouvent une réprobation de leur conduite

« et le professeur un appui, une source de consolation
« et de joie. » (R. III, 47.)

Dans le but d'assurer l'observation exacte de cette
règle, dans chaque classe et dans chaque section d'une
même classe, un Apostolique est désigné d'office pour
avoir un œil attentif sur chacun de ses frères de la même
classe ou de la même section, et doit fidèlement rendre
compte de toute infraction aux règles. — En même
temps, on fait à tous la recommandation, non moins
importante, de tenir les yeux modestement fermés sur
la conduite de tous ceux de leurs condisciples qui
sont étrangers à l'Ecole Apostolique (1).

Fernand fut investi de cette charge. Jamais on
n'eut le moindre reproche à lui adresser. — Jamais la
crainte ni le respect humain ne lui fermèrent la bouche.
Il voulait à tout prix faire honneur à l'Ecole Apostolique.

Un de ses frères en Jésus-Christ fournit la note suivante :

« C'est surtout au collège que Fernand exerçait un
« apostolat fécond par le bon exemple. Libre de tout
« respect humain, toujours avec son image favorite

---

(1) Ces sortes de révélations, en général, si odieuses dans les
maisons d'éducation, n'ont pas ce caractère à l'Ecole Apostolique. L'élève nourrit dans son cœur un désir sincère et constant
de se corriger de ses défauts, et de réparer ses manquements.
Il est toujours disposé à recevoir, comme une aumône spirituelle
toute révélation de ses défauts, que l'amour-propre ou sa légèreté
pourraient lui dissimuler.

L'Ecole Apostolique demande le concours de tous ses enfants
au bon ordre par tous les moyens légitimes. Un enfant qui
refuserait à ses frères cette aumône spirituelle, faite avec un esprit
de charité et d'amour fraternel, non moins que celui qui refuserait de l'accepter avec humilité et reconnaissance, montrerait
qu'il ne possède pas le véritable esprit de l'Ecole Apostolique.

« du Sacré-Cœur et son crucifix de congréganiste de-
« vant les yeux, toute sa conduite était irréprochable.
« Aussi, combien de fois je l'ai entendu désigner sous
« ce titre de *petit saint!* et c'était ceux-là même qui
« exerçaient le plus sa vertu. »

Fernand fréquenta les cours de Tivoli pendant deux ans et eut deux professeurs différents. Laissons-les parler l'un et l'autre :

« Je lui avais confié (à Fernand Garrigue) la charge
« de *décurion.* » écrit l'un des professeurs, « c'est-à-
« dire qu'il devait faire réciter les leçons en particulier
« et à voix basse à un certain nombre d'élèves et
« me remettre la liste avec le nombre de fautes no-
« tées à côté de chaque nom. Or, telle était l'opi-
« nion qu'on avait de la vertu et de la probité de cet
« enfant que nul n'aurait tenté de lui faire excuser
« une faute. Combien de fois je me suis entendu dire :
« Mon père, je n'ai eu que deux fautes, et notez que
« j'avais Garrigue pour décurion. Avec tout autre, je
« n'en aurais pas eu une seule. »

« Un autre enfant me disait à la fin d'une semaine :
« Un tel a obtenu de meilleures notes que moi ; mais,
« dites à Garrigue de le faire réciter. Avec celui-là,
« on ne triche pas. »

« Du reste, le généreux Apostolique n'était pas moins
« sévère envers lui-même. Sa mémoire ingrate ne le
« servait pas à souhait. Son décurion, par un senti-
« ment de bienveillante commisération, négligeait
« quelquefois de noter comme fautes certaines hési-
« tations plus considérables. Fernand était le premier
« à protester, et voulait qu'on notât avec la dernière
« rigueur. S'il ne pouvait pas l'obtenir, il ne manquait
« pas de m'en donner avis : Mon père, me disait-il, on

« n'a marqué que deux fautes ; mais, j'en ai eu trois.
« Tous ses condisciples l'avaient en grande estime et
« le regardaient comme un saint (1).

Il est vrai sans doute que l'amour passionné du devoir rendait l'Apostolique parfait en classe comme
dans tous les autres détails de sa vie. Nous croyons
toutefois que, sur ce dernier théâtre de son apostolat,
il était particulièrement stimulé par son désir ardent
de faire honneur à l'Ecole Apostolique.

Nous aurons à rapporter, à la fin de cette histoire,
un fait qui montrera que l'amour de Fernand pour sa
chère Ecole fut porté jusqu'à la dernière limite, et il
aimera mieux sacrifier sa santé et sa vie que de se séparer de sa Mère bien-aimée. Mais n'anticipons pas :
nous rapporterons le fait en son lieu.

B. — AMOUR DE FERNAND POUR SES SUPÉRIEURS
ET SES MAITRES.

Si l'Apostolique, en toute occasion, s'est montré si
rempli de cordiale affection pour sa Mère d'adoption,
est-il besoin de dire quels furent ses sentiments à
l'égard des personnes qui étaient à ses yeux les repré-
sentants providentiels de cette chère Ecole ? Bornons-
nous à citer un seul fait, qui nous a été rapporté par
l'un de ses professeurs, et dont nous donnons le récit
textuel.

« Quant à la délicatesse de sa charité et de son
« amour pour les Pères, le fait suivant en donnera une
« idée. Comptant sur la solidité de sa vertu, je l'avais
« placé entre deux étourdis, comme un mur de sépa-
« ration. Après quelque temps, je m'aperçus bien que
« le pauvre enfant avait à souffrir des tracasseries de

---

(1) Voir le témoignage du second professeur, p. 8.

« mes deux espiègles ; mais je ne dis rien afin d'admi-
« rer plus longtemps la patience inébranlable du fervent
« Apostolique. Il était beau, en effet, de le voir toujours
« calme, doux, impassible, redoublant de vigilance et
« d'attention à mesure que les voisins faisaient plus
« d'efforts pour le distraire. Un jour, cependant, je rece-
« vais le billet suivant : « Mon Père, je vous prie de
« vouloir bien me changer de place.   F. G. (apost.) »

« Etonné de cette démarche, et soupçonnant plus de
« mal qu'il n'y en avait en réalité, je fis appeler l'en-
« fant en particulier pour lui faire rendre raison d'une
« demande si insolite. On sait combien il est naturel
« à un élève, en pareille circonstance, d'accuser ses
« condisciples, et d'exagérer même leurs torts. La déli-
« cate charité de Fernand lui fit éviter cet écueil. J'eus
« beau le questionner, je ne pus obtenir aucune révé-
« lation ni du nom de celui ou de ceux qui le faisaient
« souffrir, ni des griefs qu'il avait contre eux. Sa
« réponse invariable fut qu'il lui serait très pénible
« d'occuper la même place. »

« Quelque temps après, j'eus connaissance de la
« véritable cause de ce malaise. Les deux voisins, sou-
« vent punis, et pour cause, soit par le professeur, soit
« par les surveillants, tenaient des propos peu respec-
« tueux au sujet de leurs maîtres. Ces procédés révol-
« taient le cœur de Fernand, et il ne pouvait résister
« à cette épreuve. »

C. — AMOUR DE FERNAND POUR SES FRÈRES EN J.-C.

Nous touchons au trait le plus saillant de la physionomie morale de notre Apostolique : *la charité fraternelle.*

« A ce signe on reconnaîtra que vous êtes mes disciples, si vous vous aimez réciproquement. » La charité
fraternelle est donc le trait distinctif des vrais disciples
du Maître des Apôtres.

Au sujet de cette Reine des vertus, l'Ecole Apostolique donne à ses enfants l'instruction suivante :

« La plus grande charité doit régner à l'Ecole Apos-
« tolique. Tous les élèves se regarderont et s'aimeront
« comme des frères, se souvenant que cet amour est
« avant tout le signe auquel Notre Seigneur veut
« qu'on reconnaisse ses disciples.. Ils supporteront
« mutuellement leurs défauts, et seront heureux de se
« rendre mille petits services, sachant bien que c'est
« les rendre à Jésus-Christ lui-même. Enfin, ils auront
« les uns pour les autres le respect qu'on doit à ceux
« que Dieu a choisis pour les honorer du sacerdoce. »
(R. II. 6).

Toute la vie de Fernand à l'Ecole Apostolique nous
apparaît comme une expression vivante et fidèle de
cette règle dans tous ses détails. Toute sa conduite à
l'extérieur ne fut qu'une série de traits d'une exquise
charité. Nous ne pensons pas que dans tout le cours
de ses trois années de séjour à l'Ecole Apostolique, il
soit possible d'assigner un seul fait qu'on puisse regarder comme une infraction même légère à la charité
fraternelle.

*Fernand était heureux de rendre mille petits ser-
vices à ses frères.* — Après la mort de notre Apostolique, un élève des hautes classes, dans une lettre collec-
tive, résumait ainsi l'appréciation commune de tous
ses frères : « La piété de notre cher défunt était celle
« d'un saint ; ses récréations étaient toutes pour ses frè-

« res. Il les amusait par de petites histoires, les édifiait
« partout et toujours. Son bonheur était de rendre ser-
« vice. Jugez si nous l'aimions. Il était le Berchmans
« de l'Ecole. » (Lettre aux apost. d'Avignon).

« Un autre Apostolique remit la note suivante. « Je
« n'ai pas été le seul à remarquer combien notre frère
« s'industriait pour intéresser et édifier ses compa-
« gnons dans les promenades. Il prévoyait et préparait
« d'avance quelques petites histoires sur la sainte
« Vierge. saint Joseph et les autres saints, et durant
« les récréations prolongées d'un grand congé, il fai-
« sait nos délices en nous édifiant. On se réjouissait
« de l'avoir pour compagnon sur les rangs. On savait
« qu'il avait toujours en réserve quelque chose d'édi-
« fiant et de pieux. A la suite d'une promenade ou
« d'une récréation passée à côté de lui, on répétait
« volontiers le mot des disciples d'Emmaüs. « Ne sen-
« tions-nous pas notre cœur s'enflammer, tandis qu'il
« nous parlait le long du chemin? »

Fernand, en effet, préparait de loin ses récréations.
Il savait que c'est dans cet exercice, d'ailleurs nécessaire, que la ferveur se refroidit et la piété diminue.
Pour obvier à cet inconvénient et prémunir son âme
et celle de ses frères contre de semblables dangers, il
consacrait ses moments de loisir à recueillir et à noter
les traits intéressants et édifiants qui lui paraissaient
propres à recréer et à dilater pieusement ses frères.
Grâce à cette ingénieuse industrie. il avait sous la
main toute une collection de sujets édifiants, dont il
savait se servir avec un merveilleux à-propos.

« Un jour. » raconte un de ses frères, « on nous
« avait servi des oranges en dessert extraordinaire.
« Chacun de nous travaillait activement à dégager le

« fruit de son enveloppe, lorsque tout à coup Fernand
« fait intervenir le Bienheureux Labre. Il avait une
« histoire pour la circonstance. — « Oh! » dit-il, « ici
« nous n'allons pas sur les traces du saint mendiant.
« Il fut un jour contraint d'accepter une orange et de
« s'en nourrir. Mais il ne voulut pas consentir à faire
« trève avec son esprit de mortification. Que fit-il?
« Comme salutaire antidote, il refusa de dégager
« l'orange de son écorce amère. Le petit trait donna
« cours à une joyeuse conversation et amena d'édi-
« fiantes réflexions sur la mortification continuelle
« en toutes choses. »

Fernand savait sacrifier ses inclinations naturelles au profit de la charité — La charité fraternelle était dans le jeune Apostolique comme un ressort caché qui le mettait en mouvement, aussitôt qu'un besoin se faisait sentir dans la communauté. Il se faisait tout à tous, à l'exemple de l'Apôtre. L'air gracieux avec lequel il se mettait au service de tous ses frères faisait prendre son dévouement pour l'effet d'une inclination naturelle. On croyait l'obliger en lui demandant service.

Fernand était sérieux par caractère, et n'aimait pas les jeux divertissants. Sa récréation favorite eût été une joyeuse, mais pacifique conversation, un entretien spirituel et pieux. Une telle récréation avait encore plus de charmes, lorsqu'il lui était loisible de satisfaire sa dévotion et son zèle pour le culte de Marie, en occupant ses mains à faire des chaînes de chapelet. Mais l'esprit de sa règle, ou bien l'intérêt général ou particulier demandaient-ils au jeu le concours de tous, à l'instant, on voyait le charitable enfant imposer silence à ses goûts naturels et se jeter sans réserve dans la mêlée. A le voir courir avec entrain, à l'entendre animer et encourager ses frères de la parole et du geste, on l'eût pris pour l'enfant de la famille le plus ami du jeu. Mais il n'y a pas lieu d'en douter, sous ces dehors d'hilarité et d'animation se cachait un sacrifice généreux, une victoire éclatante remportée sur la nature.

Charité fraternelle de Fernand durant les grandes vacances. — Ce sacrifice des goûts naturels au profit de la charité fraternelle, Fernand le renforçait encore, pour ainsi dire, et le prolongeait avec une complète abnégation de lui-même durant la période des grandes vacances.

Cette époque de l'année ouvre, pour l'Apostolique, une phase nouvelle de grande importance pour la formation physique et morale du jeune Apôtre. A la fatigue et aux labeurs de dix mois succèdent des jours de repos et de délassement. C'est la saison des jeux et des légitimes divertissements. Pour donner du charme aux soirées, on autorise, on encourage même les représentations théâtrales, dont le comique puisse dilater les esprits et les cœurs. Mais ici, il faut des élèves de bonne volonté, disposés à dévouer une partie de leur temps à étudier des rôles. Le bien général demande ces sacrifices. Fernand sera aux premiers rangs de ceux qui se dévouent. Il met sous les pieds ses inclinations naturelles pour le sérieux et on le verra en toute occasion paraître et reparaître sur les tréteaux avec naturel et aisance. Aussi, à la distribution générale des prix qui clôturait les grandes vacances, lorsqu'il fallait décerner le prix d'honneur à celui des

Apostoliques qui avait le plus contribué à l'hilarité générale, d'une voix unanime Fernand était proclamé *lauréat.*

Combien ce prix d'honneur devait avoir de valeur aux yeux de Dieu! Fruit véritable, mais caché, de l'*abneget semetipsum,* porté à un très haut degré par un enfant de quatorze à quinze ans, qui s'exerçait énergiquement à « se faire tout à tous pour les gagner tous à Jésus-Christ. »

Laissons parler ici celui des Directeurs, qui était spécialement chargé de présider ces exercices récréatifs des vacances :

« Pendant les vacances, lorsque les anciens, pour
« égayer leurs jeunes frères, organisaient quelques
« petites séances récréatives, Fernand avait toujours
« le secret d'amuser agréablement. Dans la déclama-
« tion, on aimait son naturel, l'aisance et la dignité.
« Il comprenait qu'un Apostolique doit être toujours
« convenable et noble. Il avait le talent d'allier cette
« noble délicatesse à un charmant abandon et à un na-
« turel parfait. Faisait-on une loterie? Fernand avait
« des mots pour tous, et jamais le mot pour rire n'eut
« rien de trivial et de grossier.

« Il n'était pas moins admirable dans les séances
« sérieuses, académies, etc. Et, ce qui est surtout
« digne de remarque, c'est que, pour cet enfant dont
« la mémoire était si infidèle, ces divers exercices
« étaient une sérieuse épreuve. Cependant son zèle à
« concourir au bien général de la famille était si ar-
« dent, qu'il ne fallait jamais le presser ou même ex-
« primer deux fois un simple désir de le voir paraître.»

Un détail de circonstance, qui se présentait à diverses époques de l'année, nous permit d'apprécier les trésors de tendresse et d'affection fraternelle dont le cœur de l'Apostolique était rempli. — Mme Garrigue avait coutume d'envoyer à son cher enfant, aux époques plus solennelles, une copieuse provision de douceurs.

Les règlements de l'Ecole Apostolique, autant pour prévenir les abus que pour favoriser l'esprit de famille et resserrer les liens de la charité fraternelle, décident que « ces comestibles sont remis au Père Directeur, « qui les fait ordinairement distribuer aux enfants de « l'Ecole. » (R. iii, 92.)

La généreuse mère, connaissant les exigences de la règle, avait soin de proportionner son offrande au nombre des convives qui devaient y participer. Cette règle n'avait d'ailleurs rien de pénible pour son cœur de mère, car elle renfermait dans un même sentiment d'affection et son cher Fernand et tous ses frères en Jésus-Christ.

Le P. Directeur, de son côté, en exigeant l'observation de la règle, aimait à donner à l'enfant la légitime satisfaction de faire de ses propres mains la gracieuse distribution.

Le moment venu, on voyait Fernand, le visage rayonnant de joie, portant sous son bras le précieux dépôt, aller s'établir au centre du lieu de la récréation. Aussitôt que le cercle était formé autour de lui, il distribuait à pleines mains, sans distinction, et, à la fin de cet acte de bienfaisance, le charitable enfant s'était tellement perdu de vue lui-même, qu'il ne lui restait entre les mains que le contenant vide, qu'il livrait au premier qui s'en montrait désireux.

Ce trait de générosité, poussé jusqu'à l'oubli complet de soi-même, touchait ses frères jusqu'aux larmes.

Dans la correspondance, on signalait ce fait comme témoignage de l'amour fraternel, qui règne à l'Ecole Apostolique.

Il arrivait d'autres fois que des bienfaiteurs, à l'instar de Mme Garrigue, envoyaient à la jeune famille de semblables témoignages de sympathie. Dans les distributions, Fernand tendait la main comme tous ses frères ; mais c'était pour mettre en réserve et se procurer le bonheur de faire une distribution à son tour.

Il avait coutume de partager le don de la Providence soit avec un pauvre qu'il rencontrait à la promenade, soit avec quelques-uns de ses frères plus avides de friandises. Pour couvrir son acte de vertu, il avait coutume de dire que cette sorte de nourriture était nuisible à ses dents. Ses jeunes frères riaient de la justification et étaient heureux de contribuer à la conservation de ses dents malades.

Charité compatissante de Fernand. — « Je ne puis goûter la joie », disait saint Bernard, « là où je vois mon frère dans la désolation. » — Notre Apostolique éprouvait ce malaise toutes les fois qu'il voyait un de ses frères dans la souffrance, et il était disposé à tout sacrifier, sa nourriture même et son sommeil, pour soulager ce membre affligé.

« Un jour », écrit un Apostolique, « un sentiment « de tristesse avait enveloppé mon âme comme dans « un épais nuage. Fernand s'aperçut bientôt de ma « mauvaise humeur. Il me saisit au passage et me « raconta quelques-unes de ses histoires curieuses « qu'il tenait en réserve pour la circonstance. Il fit si « bien qu'après quelques moments, j'étais complète- « ment dégagé et j'avais retrouvé ma gaieté ordinaire. »

C'est dans le jeu surtout que le cœur si aimant de Fernand recevait les plus sensibles blessures. Il arrivait, en effet, quoique involontairement, qu'un coup de balle vigoureusement appliqué par un des grands arrachait un soupir et même une larme à quelque Benjamin de la famille. Aussitôt on voyait Fernand s'empresser autour de lui, le consoler, l'encourager. S'il jugeait la chose utile ou nécessaire, il se hâtait d'avertir les supérieurs de vive voix ou par écrit.

Sa charité et son dévouement étaient si connus, qu'aussitôt qu'il se présentait une bonne action à faire, un service à rendre, comme par instinct on se portait vers l'Apostolique Fernand. Un élève récemment arrivé a besoin d'un secours supplémentaire pour atteindre au niveau de sa classe : voilà Fernand qui s'offre pour les fonctions de répétiteur. Il consacrera à ce ministère ses récréations du matin, et sera disposé à remplir ce charitable emploi des semaines, des mois, aussi longtemps que son cher disciple le désirera.

Charité fraternelle de Fernand dans le service domestique. — Nous l'avons déjà fait observer, l'Ecole Apostolique est une reproduction aussi fidèle que possible de l'auguste Famille de Nazareth, dans laquelle le divin Enfant se faisait le très-humble serviteur de tous. A l'exemple de cet incomparable modèle, l'Apostolique est disposé à se mettre sans réserve au service de la famille. L'Ecole n'admet des serviteurs étrangers que pour les offices qui sont incompatibles avec les fonctions essentielles de l'Apostolique.

« Un missionnaire », dit la règle, « doit pouvoir, autant que possible, se suffire à lui-même. Un peu de savoir faire lui est fort utile et souvent indispensable.

D'ailleurs, les offices les plus vils l'aident à conserver l'esprit apostolique. Voilà les raisons pour lesquelles certains travaux manuels ont été réservés aux Apostoliques, particulièrement ceux qui regardent le service, l'ordre et la propreté dans la partie de la maison qui leur est assignée. Ils consacrent à ces travaux une partie de la récréation et doivent être prêts à sacrifier aussi joyeusement, quand il le faut, les jeux de leur âge, afin d'imiter l'humble Enfant de Nazareth. (R. III. 77.) »

Durant son séjour à l'Ecole Apostolique, Fernand fut presque constamment investi de quelque charge importante dans le service domestique, et on remarqua que, dans la répartition des offices, la divine Providence sembla réserver à cet enfant les plus laborieux et les plus humiliants travaux. C'est dans ces humbles fonctions surtout que Fernand faisait éclater sa charité envers ses frères, en se dévouant sans réserve et sans acception de personne, au service de tous.

Fernand intendant de la lingerie et du vestiaire. — Notre jeune Apostolique fut investi de cette charge à une époque où ce double office était encore dans un état de complète désorganisation. Il avait sous ses ordres deux de ses frères, pour l'assister dans un travail si ingrat et si onéreux. Pour donner une juste idée des sacrifices que cette charge imposait, il serait nécessaire de fournir une description de la lingerie et du vestiaire de l'Ecole Apostolique. Bornons-nous à faire observer qu'étant le produit journalier de la charité, lingerie et vestiaire se composent d'articles à moitié usés, dont l'entretien demande des soins minutieux.

L'Apostolique préposé à ce double emploi doit distribuer et recueillir linge et vêtements, faire approprier et réparer, répondre aux demandes journalières. Il doit sacrifier à ce travail une partie considérable de ses récréations et de ses promenades, prendre même sur les heures du sommeil. C'est un pesant fardeau ajouté aux charges de la vie commune.

Fernand avait l'œil à tout et se dévouait sans réserve. Ne pouvant se fier à sa mémoire, il avait sous la main un petit cahier, *vade mecum*, dans lequel, il notait les demandes et les observations qui lui étaient faites. Ce zèle si admirable et si constant fut un sujet de grande édification autant pour ses supérieurs que pour ses frères.

Fernand à l'office d'Ange gardien. — On donne le nom d'Ange gardien, à l'École Apostolique, à un élève qui veut bien accepter charitablement la charge de veiller sur la conduite extérieure de quelqu'un de ses frères, pour en découvrir les défauts ou les imperfections et l'aider à se corriger en les lui manifestant.

L'instruction concernant l'Ange gardien est ainsi formulée : « Un des moyens les plus puissants pour
« atteindre ce but (concours de tous au bon ordre) est
« l'institution des Anges gardiens. On donne ce nom
« à des élèves chargés de veiller sur des condisciples
« qui leur sont spécialement confiés et qu'ils doivent
« avertir, avec une très grande charité, de ce qui laisserait à désirer dans leur tenue, leur paroles et généralement toute leur conduite extérieure. Chaque
« semaine, à un moment indiqué, les élèves vont trouver leur ange gardien, lui demandent ses remarques et ses avis, et s'excitent à en bien profiter dans

« la pensée qu'ils n'auront pas toujours le bonheur
« de trouver un ami sincère qui veuille leur dire la
« vérité. Autant que possible on laisse à chacun le
« soin de choisir son Ange gardien, mais ce choix doit
« être approuvé par le père Directeur. (A. II, 21.) (1) »

C'est donc une véritable aumône spirituelle que
l'Apostolique va solliciter auprès de celui de ses frères
qu'il a librement choisi pour exercer, à son égard, les
charitables fonctions d'Ange gardien.

La conduite si réglée de Fernand, sa bonté et sa
douceur le signalaient au choix de ses frères, et, plusieurs fois, il fut investi de ces délicates fonctions.
Citons le témoignage de l'un de ceux qui furent ainsi
sous sa direction : « Fernand ne pouvait manquer d'être
« choisi pour les fonctions d'Ange gardien. Une fois
« engagé dans cet office, il mettait tous ses soins à
« découvrir les défauts extérieurs de ceux de ses frères
« qui lui avaient donné cette commission, et les leur
« faisait remarquer avec une telle suavité que ceux-ci
« se sentaient irrésistiblement portés à s'en corriger. »

L'humble Apostolique puisait dans son exquise charité une grande délicatesse de sentiment qui lui faisait
éviter avec grand soin tout ce qui aurait pu causer à
ses frères la plus légère peine. Cette délicate attention se manifestait principalement dans les pieuses
industries dont il usait pour arriver à son but sans
aucun froissement d'amour-propre.

---

(1) « Il sera d'une grande utilité », dit saint Ignace (XXIVᵉ sentence) « pour votre profit spirituel, d'avoir un ami intime qui
puisse en toute liberté vous avertir de vos défauts ». Ce salutaire conseil est fondé sur les enseignements du Saint-Esprit en
divers endroits des Saintes Écritures.

« Une année », écrit un Apostolique, « nous rem-
« plissions mutuellement l'un à l'égard de l'autre
« les fonctions d'Ange gardien. Fernand trouvait que
« je ne m'amusais pas assez en récréation. Lui avait les
« mêmes tendances, mais il s'était réformé en grande
« partie. Pour me guérir il eut recours à un ingénieux
« expédient : se chargeant lui-même du défaut dont il
« voulait me corriger, il me dit : Je vous en prie,
« veuillez m'avertir sur place toutes les fois que vous
« me verrez en faute. Je croyais voir clairement que
« son intention secrète était de me mettre devant les
« yeux le *medice cura teipsum*. Toutes les fois que
« j'eus occasion de satisfaire son désir, mon avertis-
« sement produisait sur son visage un doux sourire ;
« et à l'instant, il coupait court à la conversation et
« volait au jeu. »

*Angoisses de Fernand dans la pratique de la
charité fraternelle.* — Notre Apostolique apercevait
dans la pratique de la charité deux écueils redouta-
bles. Il en faisait le sujet le plus ordinaire de ses entretiens intimes avec le père spirituel. Le premier de ces
écueils était ce qu'il appelait « ses *jugements témé-
« raires,* qu'il définissait ainsi : « Si j'aperçois quel-
« qu'un de mes frères en faute contre les règles ou la
« discipline, j'en éprouve de la peine, mais en même
« temps j'entends une voix intérieure qui voudrait me
« placer au-dessus de ce frère en vertu et en régularité.
« Si j'étais véritablement humble et charitable, je sau-
« rais fermer les yeux sur les défauts de mes frères et
« me considérer moi-même comme le dernier de tous. »
La divine Providence, qui avait des desseins de miséricorde sur ce jeune cœur, le travaillait par des pei-

nes intérieures de plusieurs sortes ; mais entre toutes les autres, *ses prétendus jugements téméraires* étaient la plus crucifiante. Il n'aurait pas voulu aller à la Sainte Table avec ce péché sur la conscience. « C'est, disait-il, mon défaut dominant, fruit de mon « égoïsme et de mon orgueil ».

Le second écueil à la charité fraternelle, Fernand l'apercevait dans ce qu'on a coutume d'appeler *amitiés naturelles.*

«Cet amour si tendre et si vif que mon cœur éprouve « pour mes frères, » se disait-il à lui-même, « ne serait-« il pas cette *carnalité* dont il est fait mention dans « le livre de *l'Imitation de Jésus-Christ*, c'est-à-dire « cette affection naturelle et charnelle qui s'arrête à « la créature et se fonde sur elle, en conservant tous « les dehors de la charité fraternelle ? »

Fernand voulait à tout prix se tenir en garde contre le fléau des cœurs qu'on nomme *amitiés naturelles*, fléau d'autant plus redoutable qu'il cherche les ténèbres et oppose un obstacle sérieux à l'ouverture du cœur.

C'est ici principalement que le généreux enfant désirait se rapprocher de son céleste modèle Berchmans, en effet, disait-il un jour à l'un de ses frères : « Croyez-moi, n'ayez jamais de liaison particulière avec personne. » La charité pure et généreuse de Berchmans eut toujours horreur de ces liaisons sensuelles qui absorbent toutes les tendresses du cœur au profit d'un seul. « Non, non, » affirmait-il, « je ne serai jamais l'ami familier de personne. *Nulli ero familiaris.* » Et ailleurs il dit encore : « Il n'est rien que je doive éviter avec plus de soin que les familiarités. »

Telle était aussi la ferme résolution de notre Fer

nand. Il voulait donner à sa charité un caractère tout surnaturel. Très souvent il en faisait le sujet de ses entretiens avec le directeur de sa conscience.

« Cette différence d'affection, » disait-il, « qui in-
« cline comme instinctivement mon cœur vers tel ou
« tel de mes frères, de préférence à tel ou tel autre,
« ne serait-elle pas un signe que cet amour fraternel
« n'a pas son principe dans l'intime du cœur de
« Jésus. »

Et l'enfant, en cette matière, ne se contentait pas d'une solution vague, indécise; mais il multipliait les questions jusqu'à ce que le doute fût entièrement dissipé.

L'argument le plus concluant en faveur de cette inégalité était l'exemple du Sauveur durant sa vie mortelle. Jésus ne manifesta-t-il pas, en effet, ses prédilections pour sa divine Mère, pour le disciple bien-aimé et tant de personnes dévouées auxquelles il donna une place de choix dans ses affections ?

« Et sans remonter si haut, » ajoutait le guide spi-
« rituel, « ne vous semble-t-il pas que le cœur de
« Jésus, aussi bien que le vôtre, a ses prédilections
« dans la petite famille dont vous êtes membre?
« L'inégale répartition de dons naturels et surnaturels,
« que vous pouvez constater chaque jour autour de
« vous n'indique-t-elle pas des degrés différents
« d'amour dans le cœur de Jésus, auteur et dispen-
« sateur de tous ces biens ? Si la tendre affection que
« votre cœur nourrit pour vos frères en Jésus-Christ
« est sur le modèle de l'amour du cœur de Jésus se
« manifestant aussi à l'extérieur dans ses différents
« degrés par cette inégale répartition de dons natu-
« rels et surnaturels; si votre cœur, ne s'arrêtant

« nullement à ce que la nature offre d'humain et de
« terrestre, n'envisage dans vos frères que le don de
« Dieu et en fait comme un échelon pour monter
« jusqu'à l'Auteur même de tout don parfait, oh! je
« vous en donne l'assurance, votre amour fraternel
« est à l'abri de toute illusion. L'amour du cœur de
« Jésus pour la créature est le principe, le modèle et
« le régulateur de votre charité fraternelle. Soyez
« sans inquiétude : c'est ainsi que tous les saints ont
« aimé leurs semblables. »

D. — AMOUR DE FERNAND POUR LES PARENTS ET LES AMIS LAISSÉS DANS LE MONDE.

La grâce ne détruit point la nature, comme on
semblerait trop souvent le croire; mais elle la transforme, l'élève, l'embellit. Fernand, à l'Ecole Apostolique, ne perdit rien de son amour filial pour la
parenté, don précieux de la nature. La grâce divine,
en s'emparant de ce cœur docile à ses opérations, lui
fit subir une merveilleuse transformation. A cette
affection naturelle, qui souvent a son principe dans
la chair et le sang, la grâce substitua un sentiment
plus noble, plus dégagé de la matière, plus apostolique, ayant son principe et son aliment dans le Cœur
de Jésus. Nous comparerions cette transformation
surnaturelle à celle qui s'opère dans l'ordre physique
sur un alliage soumis à l'action du feu. Le métal y
dépose ses éléments hétérogènes, y recouvre sa première splendeur et prend les propriétés du feu qui le
dégage.

L'amour de notre Fernand pour sa famille nous
rappelle un trait de l'Évangile. Un jour, deux dis-

ciples de Jean-Baptiste virent leur maître désigner du doigt l'*Agneau de Dieu*. Et aussitôt les deux disciples se mirent à la suite de Jésus. Le divin Maître se tournant vers eux leur dit :

« Que cherchez-vous ? »

« — Maître, » répondirent les disciples, « où habitez- « vous ? »

Jésus reprit :

« Venez et voyez. »

Cette seule parole, tombée des lèvres du Sauveur, avait gagné les deux disciples.

L'un était André. Son cœur a ressenti les traits de l'amour divin. Il abandonne Jean pour s'attacher à Jésus. Mais cet amour ne peut rester oisif. Il court à Simon, son frère, pour lui annoncer l'heureuse nouvelle : « Nous avons rencontré le Messie (c'est-à-dire le Christ). » Et il l'amena à Jésus.

Fernand, lui aussi, entendit la douce voix : *Venez et voyez*. Le docile enfant vint à l'École Apostolique, et, dans cette solitude, loin du tumulte du monde, Jésus lui ouvrit son divin Cœur. Il voit devant lui tout un océan sans rivages de biens solides, de légitimes jouissances, de vrai bonheur. Il surabonde de joie et s'écrie à son tour : « J'ai rencontré le Messie, c'est-à-dire le Christ, le Sacré-Cœur. » Son désir le plus ardent sera d'attirer à cette source toutes les âmes que son cœur affectionne.

L'École Apostolique encourage la correspondance épistolaire. — Le commerce de lettres forme une branche importante de l'Apostolat, et il peut devenir en des mains habiles un puissant instrument de zèle. Il convient donc que les élèves Apostoliques s'exer-

cent de bonne heure à ce genre de ministère. Aussi,
loin de restreindre la liberté de ces échanges de
lettres, on les favorise au contraire, en vue du bien qui
peut en résulter.

Nous allons voir notre jeune apôtre exploiter avec
succès ce nouveau champ ouvert à son zèle. Sa volu-
mineuse correspondance fournira des témoignages
nombreux de cette précoce maturité de jugement et
de raison dont nous avons fait mention plus haut.
Disons aussi que les avis spirituels du jeune apôtre
étaient comme une précieuse semence sur une terre
exceptionnellement féconde et puissamment arrosée
par les eaux du Ciel.

« Oh ! » écrivait à l'enfant M. le curé de la paroisse.
« comme vos parents sont bons, mon petit ami !
« Comme ils sont fervents chrétiens ! Ils vous ont
« fait sucer la piété avec le lait. Remerciez bien le
« bon Dieu de vous avoir donné des parents si pieux.
« et priez-le de bénir toutes leurs entreprises. Priez-le
« aussi pour vos sœurs et vos petits frères, afin que
« Dieu les rende bien sages. »

Fernand ne se contentera pas de prier pour sa
pieuse famille, il sera encore pour elle, par une correspondance assidue, le messager vivant du Cœur de
Jésus.

Fernand guide spirituel de sa famille. — Dans
les premiers jours de janvier 1876, Fernand envoie à
son oncle jésuite ses vœux de bonne année. Dans la
même lettre, il trace son plan d'action auprès de ses
frères et de ses sœurs :

« Bien cher oncle. — Il est temps de vous donner de
« mes nouvelles : l'occasion est bonne..... Oh ! comme

« je serais heureux si Notre-Seigneur me traitait
« comme saint Bernard, en appelant à ma suite
« tous mes frères à devenir les Apôtres de son
« divin Cœur! Cet exemple de saint Bernard est
« souvent dans mon esprit. Vous connaissez peut-être
« le saint prêtre qui est maintenant curé de N... Ce
« vénérable ecclésiastique assista un jour à notre
« Adoration perpétuelle. A cette époque, je ne son-
« geais guère à devenir prêtre, moins encore mis-
« sionnaire. Cependant M N... m'entretint agréable-
« ment et pieusement. Entre autres belles choses, il
« me raconta l'histoire de saint Bernard. Après s'être
« informé du nombre de mes frères, il me dit en sou-
« riant : « Eh bien, vous serez comme saint Bernard.
« Il vous faut marcher le premier et entraîner vos
« frères à la suite (1). »

« Je ne fis pas d'abord grande attention à cette
« parole. Mais dans la suite, en voyant les atten-
« tions merveilleuses de la Providence à mon égard,
« ce souvenir me frappa vivement. Combien je serais
« heureux si les paroles de ce bon Monsieur pouvaient
« se réaliser! Aidez-moi par vos prières, afin que je
« devienne un instrument docile pour la réalisation
« des desseins miséricordieux du Cœur de Jésus. »

Dieu bénit de si heureuses dispositions, en impri-

---

(1) Le 23 octobre 1874, époque de l'entrée de Fernand à l'Ecole
Apostolique, la famille Garrigue comptait sept frères et deux
sœurs : Fernand, treize ans; Céline, onze ans; Louise, dix ans;
Emmanuel, neuf ans; Eméric, huit ans; Joseph, six ans; Justin,
cinq ans; Pierre, décédé; Frédéric, deux ans.

La famille de saint Bernard était composée de sept frères et
une sœur. Tous embrassèrent la vie religieuse, à l'exemple de leur
saint frère.

mant à la correspondance du pieux enfant un tel cachet de foi, que ses lettres impressionnaient vivement toute la famille. On les lisait, on les relisait et on les trouvait trop rares.

L'oncle jésuite, se faisant l'organe de la famille, adressait au cher neveu de suaves reproches de ce qu'il négligeait trop cette branche d'apostolat.

« Il est des lettres, » écrivait-il, « qui ne sont pas « de simples passe-temps, mais qui méritent qu'on « leur sacrifie de précieux moments. J'ai souvenance « de telle lettre de ta bonne maman, où elle se plaint « de la pénurie de lettres de ta part. Elle a raison ; « car, vois-tu, cher enfant, tes lettres font du bien à « tes parents, à tes frères et sœurs. N'est-ce pas un « grand bien pour des personnes du monde de sentir « surabonder la joie dans un cœur qui s'est donné à « Dieu sans réserve ? N'est-ce pas une éloquente et « persuasive confirmation du mot du Sauveur : « Mon « joug est doux et mon fardeau léger ? »

Fernand accueillit humblement ce reproche, et prit la résolution de faire mieux à l'avenir. Il écrira plus souvent, et ses lettres auront toujours un but spécial d'utilité pratique. Sans sortir un instant de sa condition de fils soumis et respectueux, il tracera à ses religieux parents la conduite qu'ils doivent tenir pour diriger ses frères et sœurs vers le Cœur de Jésus et écarter de leur voie les obstacles qu'ils pourraient rencontrer.

Emmanuel est le premier de ses frères, par rang d'âge, qui attire son attention, et sa qualité de filleul lui donne un titre de plus à son affection fraternelle. Trois mois après son entrée à l'École Apostolique, il écrit à la famille :

« Emmanuel vient de me donner de ses nouvelles.
« Il me dit qu'il n'est pas très sage, qu'il cause de
« l'ennui à son oncle. Mais il me promet de faire son
« possible pour le contenter à l'avenir. Tiendra-t-il sa
« promesse ? Je veux lui écrire une petite lettre pour
« l'encourager et le gronder en même temps. Je
« le recommande tout particulièrement, comme étant
« mon filleul, à vos prières. »

Le mois suivant, Fernand insiste encore sur la prière, et la prière au Sacré-Cœur de Jésus, pour rendre sages ses petits frères et sœurs, et attirer Emmanuel à l'École Apostolique.

« Je prie le divin Cœur de vous être propice durant
« cette année jubilaire. Je demande à ce Cœur ado-
« rable de rendre bien sages tous mes frères, d'en
« faire de petits saints et de leur conserver le désir
« de se dévouer à lui. Je demande cette grâce surtout
« pour Emmanuel, afin que, si le bon Dieu lui fait la
« grâce de l'appeler à l'École Apostolique, il devienne
« un saint missionnaire. Secondez mes prières, je
« vous en conjure. »

Fernand dispose son cher filleul à la première Communion par l'entremise des parents. — « J'ai
« appris avec un très grand plaisir que mon cher
« Emmanuel fera *peut-être* sa première Communion
« dans le courant de mai. Je prie tous les jours pour
« lui afin de l'aider à se préparer à cet acte im-
« portant. Je lui recommande de porter à cette pré-
« paration toute la ferveur possible ; et, pour attirer
« sur lui les plus abondantes bénédictions du Cœur
« de Jésus, je lui conseille une pratique bien courte,
« mais bien agréable à ce divin Cœur.

Cette pratique si salutaire était celle du *Trésor du cœur de Jésus* dont nous avons parlé plus haut.

Dans les premiers jours de mai, Fernand reçoit confirmation de l'heureuse nouvelle, et il se hâte d'en exprimer sa satisfaction.

« La nouvelle certaine de la première communion
« de mon frère m'a causé une grande joie. J'avais déjà
« beaucoup prié pour lui ; mais aussitôt que j'ai connu
« la chose d'une manière certaine, j'ai redoublé d'ar-
« deur, surtout auprès de saint Joseph. J'ai aussi fait
« prier tous mes frères les Apostoliques. L'importance
« d'une première communion m'a tellement frappé, que
« je n'ai pas de désir plus ardent que de voir Emmanuel
« en faire une excellente. Je serai heureux s'il a soin
« de me donner beaucoup de détails sur ce beau jour. »

Fernand demande que son cher filleul soit tourné vers l'École Apostolique. — Aussitôt après cette première communion, notre fervent Apostolique avertit ses parents que le moment est venu d'ouvrir au petit enfant un nouvel horizon.

« Emmanuel vient de faire sa première communion.
« Quel autre temps pourrait être plus propice pour le
« mettre en face de l'École Apostolique ? Qu'il se hâte
« de songer plus sérieusement à sa vocation et qu'il
« prenne les moyens de satisfaire, pour l'esprit et pour
« le cœur, aux conditions requises pour son admission.»

« Nous venons de terminer une neuvaine à saint
« Joseph. Nous demandions à ce *pourvoyeur universel*
« de veiller sur les admissions. Si donc le grand saint
« ne voyait pas dans Emmanuel les qualités et les
« dispositions requises par nos règles, sans le moindre
« doute, il s'opposerait à son entrée.

« Il me semble important qu'Emmanuel s'exerce
« principalement sur deux points, l'orthographe et
« l'analyse, c'est-à-dire sur les principes fondamentaux
« de la grammaire française. S'il a une connaissance
« satisfaisante de ces principes, il ira vite dans l'étude
« du latin. Pour l'arithmétique, ne le pressez pas trop.
« Il lui suffit de connaître les quatre règles.

« Le point capital, ce sont les qualités et les disposi-
« tions du cœur. Oh! un Apostolique qui entre à l'École
« animé de bons sentiments, un désir sincère d'avancer
« dans la vertu et de se donner à Dieu, celui-là va vite
« dans le chemin de la perfection. »

Après trois mois, voici l'époque des admissions.
Emmanuel a fait sa première communion. Il soupire
après le moment où il pourra se joindre à son bien-
aimé parrain dans cette chère École dont on lui a dit
tant de bien. Le candidat semble posséder dans un
bon degré les qualités requises. La pieuse famille, la
mère surtout, brûle de faire une nouvelle offrande au
Sacré-Cœur. Fernand est chargé de négocier cette importante affaire auprès des supérieurs.

Mais, hélas! le jeune directeur, avec cet esprit de
discernement qui le caractérise, a déjà entrevu la possibilité, la probabilité même d'un refus. Il fera cependant toutes les démarches demandées ; mais, en même
temps, il juge prudent de préparer toute la famille,
surtout son excellente mère, à accepter avec résignation et amour toutes les dispositions providentielles,
de quelque nature qu'elles soient.

« Je ne sais encore, » écrit Fernand, « si Emmanuel
« pourra venir cette année. J'en doute fort; mais j'ai
« mis ma confiance en la Providence. Je suis prêt à
« tout. Abandonnez-vous à cette douce Providence qui

« veille sur nous et qui nous envoie pour notre grand
« bien et celui de mes frères ce que nous croyons être
« un mal... Si donc Emmanuel ne peut pas venir,
« courage et confiance dans la Providence. Elle
« n'éprouve que ceux qu'Elle aime. Faites-le bien
« travailler au français. Tenez sa piété en éveil par de
« pieuses lectures. Je lui ai conseillé de se tracer un
« petit règlement de concert avec vous. D'abord que
« ce règlement ne soit pas trop rigoureux : il ne
« l'observerait pas. Je lui ai conseillé aussi une visite
« au Saint-Sacrement. A mon avis, il ne doit pas y être
« forcé ; contentez-vous de l'engager à la faire. Inspirez-
« lui le désir de la communion fréquente, aussi souvent
« qu'on voudra la lui permettre. Mais tout cela sans
« contrainte. Tel est mon avis ; je ne sais s'il est bon. »

Le pressentiment de Fernand ne fut pas vain. Les
supérieurs, après mûre délibération, estimèrent que
l'enfant n'avait ni l'âge, ni la formation préalable
requis par les règlements, et ajournèrent cette admission à un temps illimité.

Fernand n'eut aucune peine à justifier dans son
esprit cet arrêt des supérieurs : « Emmanuel n'est pas
encore en état de donner crédit à l'École Apostolique. »
Cette justification ne souffrait aucune réplique. Il se
hâte de transmettre la décision à sa famille en faisant
ressortir les motifs du refus.

« Quand on est si jeune, comprend-on bien la valeur
« d'une vocation apostolique ? Par suite, fait-on autant
« de progrès qu'on ferait si on était pénétré de son
« importance ? Il arrive trop souvent qu'on est attiré
« par l'attrait de la nouveauté, et on ne va pas au-
« delà ; alors, qu'advient-il ? Le prestige disparaît et
« on s'abandonne au dégoût. On va même plus loin.

« Emmanuel a des défauts, qu'il doit corriger avant
« d'entrer. Oh! s'il devenait un Stanislas! qu'il serait
« heureux et nous aussi! »

Cet échec fut loin d'abattre le courage du jeune
Apôtre. Le mois de novembre suivant, il poursuit le
cours de ses instructions sur le même sujet.

... « Et Emmanuel, comment va-t-il? Est-il sage,
« obéissant et pieux? A-t-il toujours le désir arrêté
« de devenir Missionnaire? Qu'il apprécie à sa juste
« valeur la faveur que Jésus lui fait en l'appelant dans
« sa garde d'honneur. Combien de milliers d'enfants
« se perdent dans le monde, qui seraient des Stanislas
« et des Berchmans à l'École Apostolique! Dernière-
« ment un enfant désireux d'y entrer écrivait : « J'es-
« père que vous me réserverez une place. Ma mère est
« inflexible. Je pars pour le séminaire; mais je pleure,
« et je prie Notre-Seigneur tous les jours de me rece-
« voir chez vous. Demandez à vos pieux enfants une
« courte prière pour moi. »

« Celui-là comprend la gloire qu'il y a à suivre Jésus.
« Mais la Providence le laisse aux prises avec les obs-
« tacles, comme autrefois Stanislas. Ne devons-nous
« pas être bien reconnaissants envers le Sacré-Cœur
« de ce qu'il nous a choisis de préférence? Mais aussi
« ne devons-nous pas craindre d'être rejetés, si nous
« ne correspondons pas à la grâce? Je le dis à Em-
« manuel, le bon Dieu lui a donné cette vocation;
« mais s'il n'est pas pieux, qu'il craigne de la perdre.
« Qu'il lise et relise la vie de saint Stanislas. Il y trou-
« vera un modèle parfait de ce qu'il doit faire pour
« devenir un saint Missionnaire. »

Fernand a tout crédit auprès de la pieuse famille.
Ses conseils sont reçus comme des avis tombés du

Ciel, et ses décisions accueillies comme des oracles.

« Papa me manifeste quelques doutes au sujet de la
« vocation de mes frères. C'est bien le cas de nous
« adresser au Sacré-Cœur, qui ne peut rien nous
« refuser, quand il s'agit de choses si justes, surtout
« si notre prière est ardente.

« J'ajouterai, au sujet de mes sœurs et d'Emmanuel,
« que rien ne pourra contribuer davantage à sauve-
« garder leur âme que la sainte communion, celle de
« tous les huit jours au moins. Pour faire naître cet
« amour de la sainte communion, et l'entretenir dans
« leur cœur, les lectures du Messager du Cœur de Jésus,
« ou de quelqu'autre écrit du même genre, seraient
« très efficaces. Et, parlant en général, les bonnes
« lectures, si elles sont intéressantes et propres à
« nourrir la piété, sont très efficaces pour nous faire
« avancer dans la vertu. »

*Correspondance particulière de Fernand avec ses
frères et ses sœurs.* — Nous venons de voir l'Apostolique de treize ans se poser en guide spirituel de son père
et de sa mère, pour la conduite et le gouvernement de
la jeune famille, avec toute la prudence, la discrétion
et la maturité d'un père spirituel expérimenté.

Mais là ne se bornait pas le zèle apostolique de notre
Fernand. Il se fera encore le guide assidu de chacun
des membres de la famille. Nous allons le voir entre-
tenant une correspondance suivie avec chacun de ses
frères et chacune de ses sœurs. — Les plus jeunes
entrent en correspondance aussitôt qu'ils peuvent
tracer quelques mots sur papier, et Fernand répond à
toutes les avances avec une fidélité exemplaire.

Dans cette correspondance intime et toute frater-

nelle, Fernand instruit, encourage, gronde et cor-
rige. Il se fait l'organe officieux du Cœur de Jésus
dans la petite communauté. Chaque membre, de son
côté, envoie confidentiellement au jeune Directeur
ses petites ouvertures de cœur en toute confiance.
Les vertus et les défauts y sont dévoilés. Fernand a
un remède efficace à tout. — Donnons ici quelques
extraits de cette édifiante correspondance (1).

Le 3 mai, le filleul annonce à son parrain la nouvelle certaine de sa première communion :

« Cher parrain, je te remercie beaucoup de ta jolie
« lettre. Elle m'a fait grand plaisir. A mon tour, je
« vais te dire quelque chose de bien beau : je suis
« admis à la première communion. M. le curé me
« trouvait un peu jeune; mais, voyant que je savais
« assez bien mon catéchisme, il m'a admis. Je te de-
« mande de prier beaucoup, afin que je devienne
« plus sage, et qu'après ma première communion je
« puisse aller avec toi. »

L'occasion était précieuse pour le pieux Apostolique. Dans sa réponse, il va donner un libre cours
à son zèle. Il s'agit d'assurer à son bien-aimé Jésus
une demeure de choix dans l'âme de son filleul.

« Mon cher Emmanuel, quelle bonne nouvelle est
« celle que m'apporte ta dernière lettre ! Le 7 mai, tu
« auras donc le bonheur de recevoir dans ton cœur
« ton Dieu pour la première fois ! Oh ! comme tu vas
« le disposer ce cœur, l'orner et l'embellir de fleurs

---

(1) Voici le relevé des lettres reçues de la famille, trouvées dans
le petit dossier de Fernand après sa mort : Lettres du père, 20; de
la mère, 25; d'Emmanuel, 20; de Céline, 10; de Louise 9; d'Emmeric,
9; de Joseph, 2; de Justin, 1; Frédéric, le plus jeune, avait à peine
cinq ans à l'époque du décès.

« odoriférantes ! — Si tu voulais introduire le Pape
« dans un appartement, tu commencerais par en
« enlever les taches, même les plus minimes, et
« secouer la poussière. Tu étalerais ensuite tes plus
« beaux ornements, les plus brillantes fleurs. Tu irais
« même emprunter pour la circonstance. Ton cœur
« n'est-il pas un appartement destiné à recevoir dans
« son enceinte, infiniment mieux que le Pape, le
« Seigneur lui-même, dont le Pape n'est qu'un hum-
« ble représentant ? Il n'y a peut-être pas de grosses
« taches à laver ; mais sûrement il y a de la poussière
« que tu dois secouer.

« Si tu t'arrêtais à ce premier travail, la demeure
« ne serait pas digne de la majesté et de la bonté in-
« finies de Celui qui vient te visiter. Il faut des orne-
« ments, des fleurs, et, si tu n'en possèdes pas assez,
« il faut en emprunter.

« Quelles sont les fleurs brillantes et odoriférantes
« que Jésus aime le plus ? Écoute attentivement : ce
« sont les vertus chrétiennes qui eurent ses prédilec-
« tions durant sa vie mortelle. Veux-tu que je t'en
« signale quelques-unes ? — La Charité pour tes petits
« frères : c'est la Reine des fleurs. « Jamais je ne les
« battrai (entends bien)... Je leur pardonnerai tout ce
« que je pourrai sans désobéir à papa et à maman...
« Je ne leur laisserai rien faire de mal ; mais je les
« empêcherai par l'exemple, par les bons conseils, et,
« s'il le faut, j'avertirai maman ! » Voilà ce que tu feras
« en premier lieu, comme préparation à ta première
« communion.

« J'aimerais aussi beaucoup qu'on te vît chaque soir
« réunir tes frères pour réciter le chapelet. Je suis
« certain que la Sainte Vierge te bénirait. Il faut que

« tu le fasses. Je demanderai à maman si tu l'as
« fait.

« Aime aussi beaucoup le travail; mais fais bien
« attention de travailler pour le bon Dieu. A cet effet,
« n'oublie jamais ta petite prière au commencement
« et à la fin. Avant de prendre ton repos, outre la
« prière du soir, tu auras encore ta pratique de dévo-
« tion envers la Sainte Vierge, saint Joseph et ton
« Ange Gardien au pied du lit. Tu renouvelleras cette
« pratique à ton réveil. Aussitôt après le lever, la
« prière du matin, faite avec ferveur, t'assurera une
« bonne journée. Ne manque jamais la messe.

« Il te faudra demander toutes ces vertus par l'en-
« tremise de Marie, de Joseph et de saint Stanislas.
« Lis souvent la vie de ce dernier, et prends modèle
« sur lui.

« Continue à pratiquer ce que je t'ai écrit dans ma
« dernière lettre. Relis souvent tout ce que je te dis.
« Ne prête aucune attention à toutes les moqueries
« dont tu pourrais être l'objet.

« Tu m'écriras avant la première communion, pour
« me dire comment tu profites des avis et des conseils
« que je te donne. Je te promets une lettre pour toi
« seul bientôt. Il faut que tu deviennes un saint,
« puisque tu veux être un Apôtre.

« Embrasse tes frères et tes sœurs pour moi, et
« donne-leur bon exemple.   « FERNAND *(Apost.).* »

Nous voici au point délicat des relations entre parrain et filleul. Il s'agit de l'entrée d'Emmanuel à
l'École Apostolique. Le désir est ardent de part et
d'autre. Cette négociation surtout va mettre en plein
jour la sage discrétion et l'esprit de foi du jeune
Directeur.

Le 22 août 1876, Emmanuel écrit :

« Je dois te dire que je viens d'écrire ma lettre au
« R. P. Directeur pour lui demander mon admission
« à l'École Apostolique. J'ai bien peur qu'il ne me
« trouve trop jeune et trop peu avancé dans l'étude.
« Mais si tu pries bien avec moi et du fond du cœur,
« je pourrai peut-être te rejoindre. »

Fernand répond immédiatement à cette lettre :

« Mon cher Emmanuel, tu as dû recevoir le ques-
« tionnaire d'usage pour les informations. Il faudra
« vous y conformer ponctuellement et le plus tôt pos-
« sible, afin de savoir à quoi nous devons nous en
« tenir au sujet de ton admission.

« Quelle que soit la décision de la divine Providence
« (car tu dois croire que tout ce qui arrive, sauf le
« péché, est réglé par elle), il faudra s'y soumettre,
« soit qu'elle frappe, soit qu'elle caresse. Je veux dire:
« soit que tu viennes, soit que tu ne viennes pas;
« tout sera pour ton plus grand bien. Prie beaucoup
« en attendant.

« Je ne veux pas dire que tu doives rester cinq ou
« six heures en prières; non, ce n'est pas ma pensée.
« Je demande beaucoup mieux que tout cela : c'est-à-
« dire que tu dois être en prière jour et nuit, sans
« relâche, ce qui signifie, cher frère, que chacune de
« tes actions, la récréation comme la classe, les repas
« et le sommeil même, doivent être des prières. Pour
« arriver à ce résultat, tu dois élever, dès le réveil, ton
« esprit et ton cœur, et diriger ton intention en pro-
« nonçant avec ferveur la courte prière que je t'ai en-
« seignée : « Mon Dieu, je vous offre toutes les prières,
« les œuvres et les souffrances de cette journée, etc. »

« Laisse-moi t'adresser un reproche. On m'a dit que

« tu es lent dans le travail, et pas assez obéissant :
« deux défauts contraires à l'esprit d'un missionnaire.
« Pour te réformer, tu dois examiner tous les soirs
« combien de fois tu as failli dans la journée; le
« matin, prévoir d'avance toutes les occasions de
« chute que tu pourras rencontrer, et demander au
« bon Dieu la grâce de tenir ferme.

« On m'a dit encore que tu oublies facilement les
« ordres et les directions de l'obéissance, non par
« mauvaise volonté, mais par distraction. De concert
« avec maman, il faudra te tracer un règlement de vie
« pour toute la semaine, coordonnant les divers exer-
« cices de la journée. N'oublie pas ce que je t'ai écrit
« dans ma dernière lettre, que tu dois relire.

« Il faut avoir une heure fixe pour ton lever et ton
« coucher. Le matin, ne pas dépasser six heures, et le
« soir, neuf. Tu réciteras les prières en commun, et
« tu écriras ton règlement, j'espère.

« Quand tu m'écriras, donne-moi de longs détails
« sur tous ces points. Tu m'envoies ordinairement un
« petit chiffon de papier. A la première page, tu me
« dis que tu m'aimes beaucoup et que tu te portes bien,
« ce que je savais déjà. Puis, tu me donnes un ou deux
« détails. Tu termines enfin tes lettres par des compli-
« ments ou autres choses qui ne sont pas plus néces-
« saires. Je voudrais surtout un récit détaillé de tes
« travaux, comment tu observes les directions que je
« te donne, etc. Tu le feras une autre fois.

« Adieu, cher frère, aime bien le bon Dieu.

« FERNAND (A post.). »

Quelques jours plus tard, Fernand transmet à son
cher filleul la fatale nouvelle de son refus. Il a le secret
de répandre sur la blessure causée un baume salutaire.

et de faire accepter avec une amoureuse résignation
l'ordre providentiel.

« Cher frère, — Le jour choisi par la divine Provi-
« dence pour t'introduire dans son petit *troupeau de*
« *prédilection*, dans sa *vigne choisie*, à l'École Aposto-
« lique, n'est pas encore arrivé, et, par un dessein secret
« et tout miséricordieux, Elle a remis à plus tard ce
« moment fortuné. Je veux dire que ton admission
« n'est pas encore possible. C'est le cas de répéter
« avec le Sauveur : « *Que votre volonté soit faite et*
« *non la mienne*, » paroles qui adoucissent les plus
« cruelles amertumes.

« La Providence, qui règle tout, veut que tu gran-
« disses et te développes en sagesse et en science, et
« que tu acquières les vertus qui te mériteront une
« place dans cette maison. Ici, tous doivent devenir des
« Berchmans : voilà le but et le terme de l'Apostolique.
« Plus tard, saint François-Xavier sera son type ; mais
« le chêne a été un arbrisseau. Le modèle actuel de
« l'Apostolique est Berchmans. C'est sur ce type qu'il
« doit s'exercer. Tous ne sont pas parvenus à l'égaler,
« et celui qui te parle est encore bien loin du modèle ;
« mais courage et confiance !

« Combien d'enfants dans le monde, plus dignes que
« toi de la faveur, soupirent après le moment où ils
« pourront entrer dans cet heureux asile. Hélas ! pau-
« vres enfants ! ils veulent et ne peuvent pas aboutir :
« tous leurs efforts et leurs industries sont déjoués.
« Oh ! qu'il fait bon méditer les amabilités de Dieu à
« notre égard !

« Écris-moi quelquefois. Je répondrai à tes lettres
« pour te faire connaître et aimer davantage l'École
« Apostolique. »

La tendre affection de Fernand pour son cher filleul était loin d'absorber tout l'amour fraternel dont son cœur était rempli. Un *post-scriptum* de la même lettre porte le titre : *Un mot à tous mes frères et sœurs.*

« Voici ce que m'écrit maman sur Céline et Louise, « qui doivent être très pieuses, donner le bon exemple « à leurs frères, en un mot, être des modèles : « Leur « piété laisse un peu à désirer. » Cela m'a causé de « la peine. Mais demandons dans la communion fré- « quente, force et courage. Je suis bien sûr que tout « ira mieux à l'avenir.

« Je suis assez content d'Emmeric ; mais il doit tra- « vailler davantage, car il écrit mal. La lecture d'une « de ses lettres m'a pris une demi-heure de temps. Il « m'a dit qu'il voulait se faire missionnaire. C'est très « bien ; mais, pour le devenir, il doit être plus sage. « Surtout qu'il ne soit pas... (menteur), ni... (voleur « de bonbons). En mission, il n'y a rien de tout cela.

« Joseph n'est ni assez pieux, ni assez obéissant, ni « assez bon pour ses frères. Je ne suis pas content de « lui. Mais, n'est-ce pas, mon Joseph, que tu devien- « dras le plus pieux et le plus vaillant de tous ? S'il en « est ainsi, je t'enverrai une gravure.

« Je recommande à Justin plus de diligence pour « apprendre à lire. Mais, attendu qu'il est assez sage, « je lui envoie une gravure, ainsi qu'à Emmeric. Une « autre fois, j'en donnerai aux autres, s'ils se sont cor- « rigés. Maman le dira. »

On le voit par ces extraits de la correspondance, le fervent Apostolique poursuit avec force et suavité, la réalisation du programme d'action dont saint Ber- nard lui avait donné l'idée : attirer à sa suite sa nom- breuse famille vers le Cœur de Jésus.

E. — AMOUR DE FERNAND POUR LES ÉTRANGERS

Les rapports des Élèves Apostoliques avec les étrangers sont restreints dans des limites étroites, et ils doivent l'être. Il ne conviendrait pas, en effet, que des enfants, dont la formation demande des soins si multiples et une vigilance si assidue, soient souvent mis en contact avec le monde extérieur. L'esprit de J.-C., qui doit être celui de l'Ecole Apostolique, étant l'opposé de celui du siècle, de grands inconvénients seraient le résultat inévitable de ces relations. C'est le privilège de la vertu de savoir se produire sans sortir des limites du devoir.

Fernand avait des industries pour exercer la charité envers les étrangers, sans préjudice de sa règle. Nous l'avons déjà vu mettre en réserve la part de douceurs qui lui revenait dans les gracieuses distributions aux époques solennelles. Le charitable enfant avait en vue sans doute ses frères plus jeunes, plus avides que lui de friandises ; mais son cœur compatissant n'oubliait pas les membres souffrants de J.-C. Les jours de promenade, s'il rencontrait un pauvre sur la voie, il était heureux de lui donner un modeste témoignage de la tendresse de son cœur.

Une Première Communion. — On pourrait citer nombre de traits du même genre ; mais, bornons-nous à rappeler un fait de circonstance qui fut un sujet de grande édification, et dont toute la jeune communauté conserva un délicieux souvenir.

On était au 16 juillet 1876, nous nous disposions à célébrer avec pompe la grande fête du Saint-Sacrement, lorsqu'un événement imprévu vint ajouter à notre solennité un charme nouveau. Une pieuse personne nous adressait un enfant délaissé, recueilli dans les rues de Bordeaux, avec prière de l'admettre à la première communion dans notre chapelle. La joie de toute la petite communauté fut à son comble. Cette circonstance lui donnait la facilité d'offrir au *prisonnier du Tabernacle* une fleur bien modeste sans doute, mais, par là même, digne des tendresses de son Cœur miséricordieux.

La voix commune désignait Fernand Garrigue, pour être l'ange tutélaire du premier communiant durant cette heureuse journée. A-t-on besoin de dire si cette fonction fut selon les goûts du fervent Apostolique? Aussi l'accepta-t-il avec empressement, et avec des expressions de la plus vive reconnaissance. Il la remplit en détail avec tout le soin et toute la diligence qu'on pouvait attendre de sa piété et de son exquise charité. Il entoura son protégé de la plus délicate attention et ne le perdit pas un instant de vue.

Mais les soins si charitables de cet ange gardien ne s'arrêtèrent pas au moment présent. Son regard plongea dans l'avenir. Fernand a prévu que son protégé d'un jour, enrichi des trésors célestes, va de nouveau tomber au milieu d'un monde corrompu et corrupteur, couvert des pièges du démon. Le corps et le sang du Sauveur ne seront-ils pas comme une semence jetée sur une surface nue, exposée à être ravie par les oiseaux du Ciel, ou foulée aux pieds par les passants? Fernand imagine une industrie pour prévenir ce malheur : *un mémorial de première communion.*

Un emblème de forme commune lui fournit matière

à de salutaires réflexions. Un calice surmonté d'une hostie rayonnante. D'un côté s'élève obliquement un cierge allumé, et de l'autre un faisceau d'épis dorés, les deux s'unissant à la base du calice. Le point d'union est dérobé aux regards par un livre majestueux portant le monogramme J H S. Ce livre est entouré d'une guirlande de lis.

Sur le verso de l'emblème Fernand trace de sa main un règlement de vie sous le titre général :

SOUVENIR DU PLUS BEAU JOUR DE MA VIE
A L'ÉCOLE APOSTOLIQUE DE BORDEAUX

I. Cette hostie me rappelera que je dois m'approcher souvent du sacrement d'amour.

II. Le cierge blanc me dira que mon cœur pur doit se consumer d'amour pour Jésus.

III. Au milieu de mes peines, ce calice me rappellera celui que l'ange présenta au Sauveur, au moment de sa longue agonie.

IV. Ce livre me dira que je dois observer jusqu'à la mort les commandements de Dieu et de l'Église, ainsi que les préceptes de l'Évangile.

V. Ces épis me rappelleront que la parole de Dieu, tombant dans mon cœur doit y germer, comme le froment dans une terre féconde.

VI. Enfin, ces lis sans tache me rediront la pureté de Marie, ma bonne Mère, et m'avertiront de conserver cette vertu en fuyant la corruption du monde.

§ III. — Amour de Fernand Garrigue pour la Croix.

Lorsque le divin Maître se manifesta à sa fidèle servante, la Bienheureuse Marguerite-Marie, il lui découvrit son Cœur sous la forme emblématique d'une fournaise embrasée, dont les flammes convergeaient vers une croix plantée au milieu du foyer. Ce divin Modèle n'aurait-il pas voulu nous signifier par ce fait qu'un cœur chrétien doit être pareillement un foyer d'amour, et la croix le point central vers lequel doivent converger les flammes de la charité ?

Si tel est le devoir de tout chrétien, que dire d'un cœur généreux qui, fidèle à l'appel divin, s'est approprié la devise apostolique : *Mihi absit gloriari nisi in cruce. Domini Nostri Jesu-Christi ?*

C'est cet amour de la Croix que l'Ecole Apostolique désire inculquer dans l'âme de ses enfants, en leur proposant l'instruction suivante :

« Marchant sur les traces du divin Maître, et em-
« brasés de son amour, les Apôtres, et, à leur exemple,
« tous les vrais serviteurs de Jésus-Christ, ont foulé
« aux pieds tous les faux biens du monde, pour se
« revêtir des livrées de leur bien-aimé Roi, et se sont
« écriés avec saint Paul : « A Dieu ne plaise que je me
« glorifie en autre chose que dans la Croix de Notre-
« Seigneur Jésus-Christ, par qui le monde m'est cruci-
« fié et je suis crucifié au monde ! » Tel est cet amour
« de la Croix que les élèves de l'Ecole Apostolique doi-
« vent se proposer comme l'objet le plus digne de
« leurs ardents désirs. Et puisque cet amour de la
« Croix est un don suréminent, qui ne peut venir que

« de Dieu, ils le demanderont instamment dans leurs
« prières. » (II, 7.)

Fernand se signalera dans l'accomplissement de cette
règle fondamentale. Mais, avant de le montrer à
l'œuvre, donnons quelques notions préliminaires sur
l'esprit qui encourage, dirige et modère la mortification et la pénitence à l'École Apostolique.

Les seules forces humaines seraient impuissantes à
soutenir le poids écrasant de la croix du Sauveur. Ce
divin modèle semble avoir voulu nous le faire comprendre et nous le rendre sensible, en succombant
trois fois sous son pesant fardeau dans son court trajet
vers le Calvaire. Aussi est-il vrai que, lorsqu'il nous
appelle à porter sa croix, ce n'est qu'à prendre une
partie de son fardeau qu'il nous convie. De là vient
que, parmi les saints qui se sont signalés à la suite de
leur Roi et Seigneur, les uns se sont fait remarquer
par leur mortification corporelle, les autres par les
épreuves intérieures; ceux-ci par l'esprit de pauvreté,
ceux-là par celui d'obéissance, chacun suivant le
mouvement intérieur du saint Esprit et le ministère
qu'il était appelé à exercer.

Se fondant sur ce principe, l'École Apostolique, dans
la part de mortification et de pénitence qu'elle fait à
ses enfants, tient rigoureusement compte du but qu'ils
doivent atteindre, et du ministère auquel Dieu les
destine. C'est pourquoi elle proscrit avec sévérité toute
pratique de surérogation, que suggérerait une ferveur
indiscrète, au préjudice des santés et du développe-
ment naturel des constitutions physiques.

1° *La première des mortifications : La vie commune.* — La maxime de notre Bienheureux patron et
modèle Jean Berchmans : *Ma plus grande pénitence,*

c'est la vie commune, est éminemment celle de l'Élève Apostolique. La vie commune, en effet, pratiquée avec la perfection que demande la règle, ouvre un champ immense à l'avidité d'un cœur ami de la souffrance. Nous dirions même volontiers que cette vie commune, prise dans l'ensemble, nous semblerait trop crucifiante pour des natures si jeunes, si cette vie de sacrifices continuels n'était tempérée par une merveilleuse onction intérieure du saint Esprit, qui accompagne l'appel divin, et que nous nommons *grâce d'état*. C'est ce qui nous faisait dire au commencement de cette histoire que ce bonheur sans mélange d'un Apostolique dans sa chère École, nonobstant les mille sacrifices qu'il rencontre sur ses pas le long du jour, peut être appelé un *mystère de foi*.

2° *Mortification des passions et des inclinations naturelles*. — L'École Apostolique signale à ses enfants une seconde voie de mortification, et les encourage à s'y engager d'autant plus vivement, que celle-ci a une connexion plus intime avec la précédente et ne porte pas la moindre atteinte aux constitutions physiques. Nous voulons parler de la mortification des passions et des inclinations pernicieuses de la nature. Elle a pour effet de dégager le cœur des liens qui le fixent à la terre, et de l'établir dans un monde supérieur. *Expoliantes vos veterem hominem cum actibus suis*. — Vous dépouillant du vieil homme et de ses actes.

3° *Mortifications providentielles*. — Il est une troisième catégorie de pénitences qui est encore en grand crédit à l'École Apostolique. Celles que nous avons coutume de désigner sous la dénomination de *mortifications de pure Providence*. Cette classe comprend la série des épreuves intérieures ou extérieures que l'Apostolique rencontre accidentellement sur sa voie, sans la moindre recherche de la volonté. Elles sont d'autant plus salutaires et crucifiantes qu'elles ne sont pas de son choix, et elles ont la vertu de le familiariser avec cette vie surnaturelle si précieuse, qui lui révèle la main de Dieu dans tous les détails de la vie.

4° *Mortifications extraordinaires.* — Enfin arrive-t-il qu'un enfant se sente puissamment attiré à la suite de Jésus vers le Calvaire et le 3° degré d'humilité? Le même enfant demande-t-il avec vives instances à partager avec plus d'abondance la nourriture et la boisson de son divin Chef? Le Directeur, en général, se contente d'engager son enfant spirituel à tourner ses regards vers le Sacré-Cœur de Jésus, le suppliant de vouloir bien dilater en sa faveur la mesure de ses sacrifices journaliers et des épreuves de pure Providence. L'expérience nous apprend que le Sacré-Cœur a coutume de témoigner sa satisfaction en répondant avec libéralité à ces généreuses aspirations.

Suivons quelques moments notre jeune Apostolique dans ces différentes voies de mortification et de pénitence.

Amour et dévotion pour le crucifix. — C'est un pieux usage à l'École Apostolique de remettre à chaque congréganiste, le jour de sa réception, un crucifix, qu'il doit conserver comme son plus précieux trésor. Fernand reçut le sien avec des transports de joie. Il en fit son bouclier impénétrable, son arme offensive et défensive. Le crucifix fut pour cet enfant comme un livre ouvert et les plaies du Sauveur comme autant de bouches éloquentes, qui lui parlaient de Jésus et de ses amabilités infinies.

En classe et à l'étude, Fernand avait constamment dressés devant lui son crucifix de congréganiste et sa modeste image du Sacré-Cœur. Le reste du temps, la nuit comme le jour, le crucifix était sur sa poitrine et il aimait à le baiser avec un amoureux respect.

Mais ce n'était pas assez de porter la croix à la suite de Jésus, Fernand voulait encore réaliser la parole de l'Apôtre : « Christo confixus sum cruci. Je suis fixé à la croix avec Jésus. »

Les maîtres de la vie spirituelle comparent avec raison les trois vœux substantiels de religion aux trois clous qui fixèrent Jésus à la croix. Et, en réalité, la pratique fidèle et constante des trois grandes vertus qui sont la matière des vœux de religion peut, à bon droit, être assimilée à un triple agent surnaturel, qui renouvelle dans chaque religieux le sacrifice du calvaire, en crucifiant en lui ce que l'homme a de plus intime et de plus cher.

Fernand n'avait émis aucun des trois vœux; il n'avait que le désir de réaliser plus tard ce précieux holocauste. Mais les vertus qui sont la matière des vœux, il les pratiquait avec l'assiduité et la perfection d'un fervent religieux.

A. — AMOUR DE FERNAND GARRIGUE
POUR LA SAINTE PAUVRETÉ.

La pauvreté est une vraie croix pour la nature humaine déchue; mais l'Enfant de Nazareth est venu donner à cette austère vertu les attraits et les charmes d'une mère. Saint Ignace, décrivant les caractères distinctifs de l'étendard de J.-C., inscrit en tête la pauvreté, comme principe générateur des vertus chrétiennes et évangéliques, la mère et la gardienne de la douce humilité.

Le fondateur des Écoles Apostoliques, s'inspirant de la doctrine du Sauveur et de l'exemple des saints, trace à ses enfants la règle suivante :

« Les Apostoliques auront soin de parler, d'agir et « de se conduire toujours en pauvres........ aimant la « pauvreté comme leur mère, se dépouillant spontané- « ment de mille petits objets inutiles, et s'estimant « heureux de ressentir quelquefois, comme la famille « de Nazareth, les caresses de cette bonne mère. » (II, 9.)

Fernand aima la sainte pauvreté à l'égal de son Crucifix, et il eut pour elle la tendresse d'un fils pour sa mère bien-aimée. Nous l'avons déjà vu, dès son entrée à l'école, imitant l'exemple d'un gladiateur qui s'élance dans l'arène. Il se dépouilla de tout ce qui lui paraissait de nature à entraver ses mouvements vers Jésus. Il était persuadé que la pauvreté réelle est la voie expéditive pour arriver à la pauvreté d'esprit, au dégagement du cœur, au troisième degré d'humilité.

Un Apostolique nous remet, dans l'écrit suivant, le résumé de ses observations : « Fernand garda long- « temps une paire de souliers qui le faisaient bien « souffrir... Pendant l'hiver, il portait comme ceinture « un bout de lisière en forme de corde, qu'il avait soin « de soustraire aux regards de ses frères. Si le linger « lui donnait un habit trop grand ou trop petit ou « usé, il acceptait tout d'un air gracieux, et ne se per- « mettait jamais un mot qui manifestât que l'objet « n'était pas de son goût. Au commencement de l'hi-

« ver, comme il est d'usage, on fit une distribution
« générale d'habits. Fernand se présente le dernier.
« Il ne restait qu'une vieille veste râpée, presque hors
« de service, et surtout d'une ampleur disproportion-
« née. Il accepta l'habit sans la moindre émotion, et
« porta cet étrange costume jusqu'à ce qu'il plût au
« linger de le lui changer pour un autre plus décent.
« Nous lui demandions avec hilarité s'il n'était pas fier
« de cet élégant uniforme. Fernand répondait gracieu-
« sement : c'est assez joli pour moi ; je m'en contente
« volontiers.

« Dans une autre occasion, on lui donnait une cra-
« vate neuve de mode ; notre frère l'accepta avec la
« même bienveillance. « Oh ! Fernand, » lui disait quel-
« qu'un, « il y a plaisir à vous voir suivre les modes. »
« — Ne m'en parlez pas, » reprit l'enfant ; « j'en suis
« confus. Mais je me console en pensant que c'est un
« fruit de la charité. »

Un autre Apostolique avait fait sur Fernand les
observations suivantes : « Le détail dans la vie de notre
« frère qui m'a le plus frappé a été son amour de la
« pauvreté. Lorsqu'il était d'office aux fonctions de
« linger, il avait, sans contrôle, sous sa main la lin-
« gerie et le vestiaire, et pouvait disposer de tout à
« son gré. Or, j'avais remarqué que sa ceinture était
« un débris de lisière, levé probablement dans la cour
« des jeux. Pour ses cahiers, il employait le papier le
« plus inutile qu'il pouvait trouver, et il se serait fait
« un cas de conscience d'en gaspiller la moindre par-
« celle. Son porte-plume consistait en un morceau de
« bois grossier auquel il adaptait une plume au moyen
« d'un bout de fil de fer. »

« Un jour, » dit un autre Apostolique, « le linger

« donna un pantalon de Fernand à un de ses frères.
« Quelqu'un s'en étant aperçu, lui en fit la remarque :
« — Voilà bien un article qui vous appartient ? — Un
« article qui m'appartient, répliqua Fernand avec
« vivacité ; rien ne m'appartient, tout ce qui a pu
« m'appartenir autrefois est maintenant la propriété
« de mes frères. Et il prononçait cette parole avec un
« tel accent de fermeté qu'on voyait que son cœur
« était dégagé. »

Le même Apostolique ajoute encore : « Il y avait
« dans la lingerie une veste tellement usée et tachée
« que plusieurs élèves l'avaient refusée, en disant qu'il
« ne convenait pas de paraître en classe ainsi vêtu.
« On offrit à Fernand cet habit de rebut, et il l'accepta
« avec son empressement habituel. Comme on lui fai-
« sait observer qu'il n'était pas convenable de paraître
« en classe avec cet uniforme, il ne répondit qu'un
« seul mot : Berchmans, j'en suis sûr, n'aurait pas
« hésité un instant à s'en revêtir. »

Plaçons ici, par anticipation, un trait édifiant, dont
Mme Garrigue nous a fourni le récit. Elle l'avait elle-
même recueilli de la bouche de son enfant, pendant
qu'elle veillait auprès de son lit, peu de jours avant
sa mort.

« Un jour, » écrit Mme Garrigue, « j'étais assise à côté
« du lit de douleur de mon pauvre Fernand. Ce bien-
« heureux enfant porta la conversation sur son sujet
« favori, sa chère École Apostolique, et il s'efforça de
« me prouver que le bon Dieu y appelle de préférence
« les enfants des pauvres. Pour confirmer son raison-
« nement, il ajoutait : — Ne vous rappelez-vous pas,
« maman, que nous avons été pauvres nous-mêmes ?
« Nous habitions une misérable mansarde. J'étais

« jeune encore ; mais je m'en souviens parfaitement.

« — L'humble enfant me rappelait ce détail avec un
« accent si pénétré, qu'il me donnait à entendre que
« son dessein était de me convaincre, comme il en était
« convaincu lui-même, qu'il sortait de la classe des
« indigents. Telle fut du moins l'impression que son
« discours produisit sur moi.

« Je crus que ce cher enfant, me voyant en retard
« pour l'acquisition de sa vertu favorite, la sainte
« humilité, voulait, avec sa douceur et sa discrétion
» accoutumées, me donner indirectement une salu-
« taire leçon.

« Fernand faisait allusion à une époque où nos
« bonnes religieuses étant sur le point de nous quitter
» faute d'habitation convenable, nous leur fîmes ces-
« sion de nos appartements, et pendant quelque temps
« nous fûmes logés misérablement. Mais je dois ajou-
« ter que nous avons été largement dédommagés de
« cette privation par le bien incalculable que ces bon-
« nes sœurs ont réalisé dans le pays. »

*Fernand aspire à se revêtir de la robe et des
livrées de son divin Chef.* — Saint Ignace nous représente la sainte pauvreté comme un prélude, ou
mieux comme un premier degré qui nous élève à une
vertu d'un ordre supérieur, et qui rapproche merveilleusement une âme généreuse de son divin Modèle
dans la voie du Calvaire. Cette vertu, c'est l'amour des
humiliations, des opprobres et des souffrances, trait
caractéristique de l'état que saint Ignace appelle *troisième degré d'humilité*. Dans la seconde partie de
cette histoire, nous verrons notre Apostolique s'élancer
de tout cœur dans cette voie du Calvaire. Durant la

période qui nous occupe, il préludait sensiblement à l'acquisition de cette sublime vertu.

Nous avons vu plus haut notre Fernand, dans une lettre à sa famille, faire mention d'une image de l'Enfant Jésus âgé de douze ans, placée en face de lui dans la salle d'étude. Après une description détaillée de cette figure, il conclut : « Oh ! *Il nous prêche à ravir*, et « c'est en levant mes yeux vers cette image que la pen- « sée m'est venue de vous en parler ». Dans cette prédi- cation tacite, trois traits caractéristiques l'ont frappé : L'Enfant Jésus ne touche la terre que d'un pied, et du doigt il montre le Ciel. Il presse sur son cœur une immense croix qui s'élève des pieds jusqu'au-dessus de la tête. Enfin, de sa petite main, il relève un pan de sa tunique comme pour se rendre plus dégagé dans ses mouvements. Fernand a compris ces salutaires ensei- gnements. Futur ouvrier dans la vigne du Seigneur, il ne veut toucher la terre que d'un pied, et son re- gard restera fixé au ciel, terme de ses désirs. La Croix sur son cœur sera son appui, son bâton de voyage. D'une main vigilante, il écartera tout ce qui pourrait entraver ses mouvements.

Mais Fernand est plus explicite encore dans sa cor- respondance avec son cher Emmanuel. Il lui parle d'expérience. Il se serait gardé de lui suggérer une pratique dont il n'aurait pas lui-même éprouvé la vertu et l'efficacité. Après avoir tracé à son filleul le plan de conduite qu'il doit suivre pour réaliser son dessein, devenir un fervent Apostolique, il lui indique la source où il puisera le baume salutaire qui cica- trise toutes les plaies du cœur, la mystérieuse pierre philosophale qui transforme toutes les amertumes en douces consolations ; et il arrive à la conclusion :

« Cependant, je ne veux pas t'effrayer. Pour celui
« qui aime Jésus, les plus grandes souffrances se
« changent en délices. C'est ce qui t'explique les pa-
« roles célèbres d'une grande sainte : « Ou souffrir
« ou mourir. » Peut-être le bon Dieu ne demande pas
» encore de toi un si grand amour des souffrances ;
« mais il demande la générosité dans l'acceptation
« des petites croix que sa Bonté veut bien t'envoyer
« chaque jour. Donc, patience, persévérance, généro-
« sité ! Fais bien attention à tout ce que je te dis. »

L'Apostolique vient de révéler son secret. L'amour
dont son cœur brûle lui rend savoureux tout ce que
Jésus a aimé et embrassé.

B. — AMOUR DE FERNAND GARRIGUE POUR LA SAINTE OBÉISSANCE.

« Le Fils de Dieu s'est anéanti, en se faisant obéissant jusqu'à la mort de la croix. » Tels furent le caractère et les limites de l'obéissance du divin Modèle.

Dans sa célèbre instruction sur l'obéissance, saint
Ignace nous offre un panégyrique parfait de cette
Reine des vertus. Si celui qui se fait obéissant, nous
dit-il, n'envisage pas la créature dans celui qui com-
mande, mais découvre en lui la personne même de
J.-C. qu'il représente ; s'il ne s'arrête pas au premier
degré de cette vertu, c'est-à-dire à la simple exécution
des choses commandées, mais s'élève au second et
au troisième degré, de manière à établir entre lui et
le supérieur une parfaite conformité de volonté et de
jugement, il devient un holocauste vivant infiniment
agréable à la majesté divine, puisqu'il immole l'homme
tout entier sans réserve.

C'est sur ce principe que l'École Apostolique trace
à ses enfants toute une ligne de conduite dans la
règle suivante :

« L'*obéissance* est surtout essentielle aux hommes
« Apostoliques, appelés à continuer la mission du
« divin Sauveur. Leur vie, comme la sienne, doit se
« résumer dans l'obéissance : *Et erat subditus illis.*
« Par conséquent, la vertu caractéristique des Élèves
« Apostoliques, le moyen assuré de persévérer dans
« leur vocation, et de se préparer à leurs glorieux et
« difficiles ministères, c'est la parfaite obéissance dans
« l'observation exacte des ordres des supérieurs et de
« toutes les règles. » (II, 11.)

Fernand s'inclina avec respect devant cette croix,
la mit sur ses épaules avec une indicible affection, et
la porta constamment avec la même générosité et la
même allégresse que son cher crucifix de congréganiste.

Comment Fernand apprécie cette vertu. — « Une
« autre vertu, » écrivait-il à son filleul, « mérite
« ton attention : c'est l'obéissance joyeuse (entends-
« tu *joyeuse ?*) à tous les ordres de papa et de maman.
« Si tu fais bien ce qu'ils te commandent, je puis
« t'affirmer que tu deviendras vite sage. Tu me le
« promets ? »

Dans une autre circonstance, Fernand demande
qu'Emmanuel se trace à lui-même un règlement de
vie, et il lui en décrit les avantages :

« Si tu veux faire des progrès dans la PIÉTÉ et
« d ns les ÉTUDES ; si tu veux aussi conserver la santé,
« tu dois avoir ce petit réglement et le suivre autant
« que te le permettront les lieux et les circonstances.

« C'est un moyen d'attirer sur toi les bénédictions du
« Ciel, et même d'éviter l'ennui. Quand on a obéi tout
« le jour, le cœur est content. Pourquoi ? Parce que
« toute la journée il a fait plaisir au Seigneur. Tu l'é-
« prouveras toi-même. Essaie seulement une semaine.
« Tu écriras ce règlement et tu me donneras, dans ta
« prochaine lettre, d'amples détails sur toutes ces
« choses. »

*Ponctualité de Fernand dans la pratique de l'o-
béissance.* — L'obéissance de notre enfant dans le détail de la vie était en parfaite harmonie avec ses théories. Suivons-le quelques moments dans la pratique
de cette vertu.

Peu de mois après son entrée à l'Ecole, un de ses
frères écrivait à son sujet : « Je ne crois pas l'avoir
« vu se rendre coupable de la moindre infraction au
« règlement, et tous mes frères, je pense, pourraient
« rendre le même témoignage. »

Un autre Apostolique déclare par écrit que « le zèle
de Fernand Garrigue pour la discipline ne connaissait ni limite ni obstacle, et il ne se contentait pas
de se conformer lui-même aux moindres exigences de
la règle, mais il se montrait encore sensiblement contrarié toutes les fois qu'il voyait le règlement violé
par quelqu'un de ses condisciples, et on l'entendit
plus d'une fois y porter le suave correctif : « Mais cela
est défendu ! »

Le trait suivant montrera jusqu'où allait la délicatesse de cet enfant dans la pratique de l'obéissance.

« J'ai eu l'avantage », écrit un Apostolique, « d'a-
« voir Fernand Garrigue pour ange gardien. Dans
« cette fonction, comme en tout le reste, il montrait

« un amour tout particulier pour les règles. Il tenait
« à ce que même les moins importantes fussent stric
« tement observées. Le règlement demande que les
« élèves, au commencement des repas, écoutent, *les*
« *bras croisés,* quelques versets de l'Écriture sainte.
« Fernand, s'étant aperçu que j'écoutais, *les mains*
« *jointes,* m'en fit l'observation avec sa douceur et sa
« charité ordinaires, ajoutant qu'il croyait plus par-
« fait de se conformer à la lettre même de la règle.
« Cette simple observation m'édifia beaucoup. »

Dans une autre circonstance, l'Apostolique avait
eu permission de consulter un livre de la bibliothèque
pour un passage déterminé. En remettant le livre,
l'humble enfant s'accusa d'avoir lu quelques lignes
de plus qu'il n'était autorisé à le faire, et demanda
permission d'en faire une accusation publique au réfectoire, en expiation de son infidélité.

A la suite de ces traits, qu'on pourrait multiplier
encore, on a le droit de conclure que la vie de Fernand,
comme celle de l'Enfant de Nazareth, se résumait
dans ces trois mots : « *Erat subditus illis ;* il leur était
soumis. »

Obéissance aux autorités subalternes. — L'École
Apostolique, nous l'avons déjà fait observer, n'admet
pas des serviteurs à gage. Pour faciliter le service
domestique, les directeurs ont coutume de désigner,
pour les divers offices, certains élèves, qu'ils inves-
tissent du degré d'autorité nécessaire pour l'exercice
de leurs fonctions.

Fernand obéissait à ces autorités subalternes avec
la même spontanéité, la même joie et la même fidélité
qu'au premier supérieur. Un signe de leur volonté
pour lui était un ordre.

L'Apostolique préposé aux fonctions de surveillant
a rendu le témoignage suivant : « Aussi longtemps
« que j'ai eu autorité sur Fernand, toutes les fois que
« j'avais un travail quelconque à faire exécuter, mon
« industrie consistait à me placer dans son voisinage
« et je faisais mention d'un service à rendre, de ma-
« nière à être entendu de lui. C'était suffisant : la vo-
« lonté de Fernand était comme un ressort caché qui
« se détend au moindre contact, et il volait à l'exé-
« cution. »

Obéissance de volonté. — Si l'Apostolique se bornait à cette ponctualité dans l'accomplissement des
ordres ou des directions de l'obéissance, il n'aurait
pas plus de mérite que le militaire qui obéit au com-
mandement, ou l'esclave sous la verge du maître.
Telle n'était pas l'obéissance de Fernand. Il avait entendu les leçons d'un Maître bien expérimenté dans
cette voie, et il s'était élevé au second et au troisième
degré de cette vertu qui établit entre le supérieur et
l'inférieur une même volonté et un même jugement.
L'air joyeux et satisfait, avec lequel il acceptait tous
les ordres de l'obéissance, montrait clairement qu'il
était en parfaite conformité de volonté avec les exigences de sa règle et les ordres de ses supérieurs.

C'est là, en effet, le trait saillant qui distingue
l'enfant de Dieu, du serviteur et de l'esclave. Le premier rend ses services au créateur et ne s'arrête
jamais à l'instrument providentiel. Le second, au contraire, ne s'incline que devant une créature qu'il aime
ou qu'il redoute. C'est par ce côté principalement que
l'Apostolique se rapproche de son sublime Modèle de
Nazareth.

« Dans tout ce qui nous arrive, » écrit Fernand à son cher Emmanuel, « tu dois considérer la main de « la Providence qui a soin de nous comme une bonne « mère prend soin de son petit enfant. C'est donc « Elle, et non les hommes, qui te fait attendre à la « porte de l'École. »

Et quelques jours auparavant, il écrivait à toute la famille : « Je ne sais si Emmanuel pourra venir : j'en « doute. Mais j'ai mis ma confiance dans la Provi- « dence et je ne crains rien ; je suis prêt à tout. Aban- « donnons-nous à cette douce Providence, qui veille « sur nous, qui nous envoie pour notre grand bien et « celui de nos frères ce que nous croyons un mal. »

Il est manifeste que le pieux enfant voyait la main de Dieu dans tous les détails de sa vie ; et, en esprit de soumission à ses desseins miséricordieux, il acceptait, sans contrôle et sans réplique, toutes les décisions de l'obéissance.

La suite du récit jettera plus de jour encore sur le caractère surnaturel de l'obéissance de Fernand.

C. — Amour de Fernand Garrigue pour l'ouverture de cœur et sa docilité à l'égard du père spirituel.

Nous croyons utile de mettre en saillie, dans un article spécial, ce côté glorieux de l'obéissance de notre Apostolique.

Ouvrir son cœur au représentant de Jésus-Christ.— L'introduire et l'initier à tous ses secrets avec une entière confiance. — Le laisser tailler et retrancher, modifier et substituer, au gré de sa volonté. — Accepter, les yeux fermés, et exécuter sans réplique et avec

fidélité toutes ses décisions : voilà une croix, sans
doute, sur laquelle l'onction de la grâce a coutume
de verser les plus suaves douceurs, mais une croix
cependant de nature à imposer au cœur humain le
plus coûteux des sacrifices.

L'ouverture de cœur à l'École Apostolique. —
L'élève, dans une maison d'éducation ordinaire, a satisfait aux exigences de sa règle, lorsqu'il a fait sa
confession sacramentelle aux termes assignés ; mais
l'Apostolique, qui a rempli ce devoir n'est, pour
ainsi dire, qu'au début, dans la voie de ses obligations. L'École Apostolique, en effet, ne demande pas
seulement que ses enfants révèlent leurs fautes dans
la confession sacramentelle, elle exige de plus qu'ils
manifestent leur intérieur à leur Père spirituel, de
telle manière que leur âme devienne pour lui comme
un *pur cristal* ou une *eau limpide*, qui laisse voir,
sans aucun déguisement, tout ce qu'elle renferme de
défauts ou de vertus. Elle attache à cette disposition
une telle importance, qu'un manque notable d'ouverture de cœur est considéré comme signe de non vocation et un motif suffisant de renvoi. Elle suppose avec
raison que l'absence de cette disposition dans un
sujet est un obstacle sérieux à la formation qu'elle se
propose de lui donner.

« Qu'ils comprennent, » dit la Règle, « qu'il est de
« leur intérêt de se manifester entièrement au Père
« spirituel avec simplicité et humilité, lui découvrant
« avec candeur leurs défauts, leurs mauvaises tendan-
« ces, leurs tentations, leurs répugnances, leurs diffi-
« cultés, aussi bien que leurs vertus, leurs attraits,
« leurs dévotions, leurs désirs de vocation, et toutes

« les grâces qu'ils reçoivent de la Bonté divine, vou-
« lant sincèrement être redressés et dirigés en tout,
« de peur d'être trompés par l'esprit de ténèbres. Ils
« désireront en quelque sorte que leur âme devienne
« comme toute transparente pour leur directeur, sem-
« blable à un pur cristal ou à une eau limpide. »

Rien n'est plus aisé que la justification de cette
règle importante. L'Apostolique se destine au plus
sublime des ministères. Le Maître des Apôtres a le dessein d'en tirer un *vase d'élection*. Si le jeune élu veut
s'élever au niveau de sa haute mission, il ne lui est
pas permis de s'arrêter à une perfection commune;
mais il faut qu'il laisse la main de l'ouvrier providentiel travailler l'argile ou le métal destinés à devenir
vase précieux. Il est indispensable que la matière du
vase soit broyée, purifiée, élaborée et polie selon
l'idéal du souverain Artiste. Or, cette série d'opérations ne demande-t-elle pas que l'âme d'un jeune
Apostolique, matière de ce vase précieux, soit livrée
sans réserve aux mains de l'instrument providentiel?
Celui-ci aurait-il le secret d'élaborer et de façonner
une matière dont il ne connaîtrait pas à fond les propriétés? Il est donc nécessaire, indispensable que l'aspirant à la vie Apostolique introduise son guide spirituel, instrument de la Providence, jusque dans l'intime
de son cœur, qu'il lui en découvre les plis et les replis,
afin que celui-ci puisse donner *au vase d'élection* la
forme et la solidité qui lui conviennent.

Cette première raison est solide sans doute; mais
bien d'autres raisons secondaires viennent encore lui
prêter leur appui. C'est à l'Apostolique principalement
que s'adresse cette parole du Maître : « Si tu veux être
« mon disciple, renonce à toi-même, prends la croix sur

« tes épaules et marche à ma suite vers le Calvaire. »
— Or, nous le savons tous, notre pauvre nature a peu
d'attraits pour ce renoncement; la voie du Calvaire est
épineuse et traversée de mille voies plus commodes,
qui nous sollicitent à nous mettre à l'écart; et la croix
sur les épaules est un fardeau qui fait gémir la pauvre nature. L'enfant de douze ans, sans expérience
dans les voies surnaturelles, sous l'influence de ses
inclinations innées, marchera-t-il d'un pas assuré
dans ce chemin, s'il ne se livre pas sans réserve à
la direction d'un guide qui l'éclaire et lui prête un
solide appui? Il est nécessaire que l'enfant ouvre son
cœur à ce guide spirituel, et qu'il s'abandonne à ses
lumières et à son action. L'infidélité dans l'accomplissement de ce devoir le jetterait dans une fausse
voie.

Ajoutons que l'ennemi de la nature humaine est toujours en embuscade sur le chemin du ciel. Et, on le
conçoit sans peine, pour un aspirant à la vie d'Apôtre,
il tient en réserve des industries de choix. Il se transforme en *ange de lumière*, pour tromper plus sûrement sa bonne volonté. Et ici, qu'on le remarque bien,
la tactique diabolique est le secret. Si l'ennemi des
âmes a réussi à fermer le cœur et la bouche du jeune
Apôtre à l'égard de son Père spirituel, il estime sa
cause gagnée. — Le remède unique au mal est dans
une franche ouverture de cœur.

Enfin, l'Apostolique est destiné par vocation à être,
à son tour, guide et médecin des âmes. Il doit donc
se former lui-même de bonne heure à cet art sublime
avec le même zèle et la même assiduité qu'il apporte
à l'acquisition des connaissances naturelles. Or, ce
futur directeur des âmes puisera les plus salutaires

notions de spiritualité dans ses relations intimes et fréquentes avec son guide. L'expérience, d'ailleurs, nous apprend suffisamment que la divine Providence, qui, en toutes choses, coordonne les moyens à la fin, a coutume de soumettre un candidat pour la vie d'Apôtre à des épreuves spéciales, en vue de sa formation, et l'enfant aura besoin d'une assistance étrangère toute particulière pour discerner l'action de Dieu sur lui et répondre à ses desseins. Enfin, quel exercice est plus propre que l'ouverture de cœur à nourrir et à développer dans le jeune Apostolique l'esprit de douceur et d'humilité qui fait le caractère distinctif du Maître des Apôtres : *Mitis et humilis corde ?*

Fernand, modèle d'ouverture et de docilité au Directeur spirituel. — Le pieux enfant, toujours animé d'un désir ardent de se perfectionner dans son état, avait médité sa règle, en avait saisi toute l'importance et l'observait dans les moindres détails.

Dans ses prières, il demandait la grâce d'une grande ouverture de cœur à l'égard de son père spirituel. Dans une supplique au Sacré-Cœur, que nous rapporterons plus loin, nous trouvons la demande suivante : « Mon « Dieu, donnez-moi une grande pureté de cœur et de « conscience, une horreur mortelle pour le péché, la « grâce de regarder mes frères comme supérieurs à « moi, *l'esprit d'ouverture pour mon Directeur,* une « mort de juste. »

Après la prière, le généreux enfant prenait d'énergiques résolutions. A la suite de sa retraite de 1876, il consigne dans son mémorial les résolutions suivantes: « IX. — *De l'obéissance aux supérieurs et de l'aban-*

« *don à Dieu*. Je serai soumis à mes supérieurs. Je
« serai ouvert avec eux, *avec mon père spirituel sur-*
« *tout*. Je m'efforcerai chaque jour de me conformer à
« la volonté de Dieu, c'est-à-dire à la volonté de mes
« supérieurs et à ma règle. — X. Chaque vendredi, la
« sainte communion, *dépendamment de l'obéissance*.
« Chaque mois, un jour particulier, *je m'entendrai*
« *avec mon père Directeur*. Je ferai la même chose
« que chaque vendredi, mais plus en grand, toujours
« *dépendamment de l'obéissance*. »

Fernand faisait sa confession chaque semaine selon
la règle, et il avait coutume de se disposer à la
communion du vendredi par une confession supplémentaire. Or, chacune de ses confessions portait le
caractère d'un compte de conscience proprement dit,
c'est-à-dire qu'il y rendait son âme transparente
comme un *pur cristal* ou une *eau limpide*.

Toutefois, l'enfant ne se bornait pas à cette ouverture faite au tribunal de la pénitence. Il avait sous la
main une feuille spéciale dans laquelle il consignait
tout ce qui lui paraissait matière à communication.
Vers la fin de la longue étude du soir, après ses travaux de classe, Fernand mettait à profit les moments
de loisir qui lui restaient pour aller conférer avec le
Père spirituel des affaires de son âme.

Si la matière n'était pas épuisée dans une première
entrevue, la séance était reprise les jours suivants.
Le Directeur de cette conscience délicate et généreuse
était lui-même surpris de l'esprit de discernement qu'il
remarquait dans son disciple, de son zèle à avancer
dans la perfection, de son énergie à réformer ses défauts et de sa fidélité à mettre en pratique les avis
donnés.

D. — GARDE DU CŒUR. — GARDE DES SENS.

Nous avons fait mention d'un troisième agent surnaturel qui prête son concours pour fixer le religieux à la Croix. Nous voulons parler de l'*Angélique Vertu*.

Nous croyons toutefois devoir ici passer sous silence cette admirable vertu. Nous la considérons, en effet, comme partie importante de ce *Secret du Roi* que l'Esprit-Saint conseille de mettre sous le voile.

D'ailleurs, notre angélique enfant, sur son lit de mort, huit jours avant le trépas, nous exprimera clairement ses vives sympathies pour ce lis sans tache qu'il aura fait germer et fleurir dans son âme. Il en composera un précieux bouquet qu'il offrira à la Reine des Anges, le jour de son triomphe dans les splendeurs des cieux.

Mais nous ne saurions également passer sous silence deux autres vertus bien précieuses, que Fernand avait établies sentinelles vigilantes autour de ce trésor incomparable de l'angélique pureté.

La garde du cœur. — La garde des sens. — « Tous, » dit la Règle, « auront un amour extrême « pour la sainte vertu de pureté, si chère à Jésus « et à Marie, se souvenant qu'au Ciel, les Vierges « suivront partout l'Agneau, et que, même sur la terre, « cette vertu nous rend semblables aux anges.... « Deux sentinelles devront veiller à la conservation « de ce précieux trésor de la pureté, la *garde du* « *cœur* et la *garde des sens*.... Ils éviteron ttout ce « qui pourrait ressembler tant soit peu à ce qu'on ap- « pelle amitié naturelle. Ils doivent s'aimer cordiale-

« ment en Dieu et pour Dieu. On doit reconnaître
« partout un Apostolique à sa modestie, signe d'une
« âme habituellement occupée de Dieu, et marchant
« en sa présence. »

La pratique fidèle et assidue de cette règle demande
une vigilance de tous les instants sur les mouvements
du cœur et des sens extérieurs. Or, cet état persévé-
rant de contrainte est assurément une pesante croix
pour la nature humaine, toujours inclinée à se répandre au dehors. Elle le sera dans un degré tout particulier pour un enfant de cet âge.

Garde du cœur. — Fernand ne savait pas reculer
devant les difficultés. Nous l'avons déjà vu, dans la
période de sa première enfance, faire une place réser-
vée dans son ermitage à ses trois amis souverains,
Jésus, Marie, Joseph. — Déjà ces trois amis avaient
une place correspondante dans le sanctuaire de son
cœur. Nous l'avons vu encore, dès son entrée à l'École
Apostolique, jeter dans la mer la petite collection
de fantaisies dont sa mère bien-aimée l'avait chargé.
C'était pour laisser place libre à ses *trois amis* par le
dégagement du cœur.

La suite répondit au début. Jamais cette âme candide ne s'ouvrit à d'autres qu'à ses *trois amis*. Il s'ap-
propria la maxime du bon saint François de Sales :
« Si je découvrais dans mon cœur une fibre qui ne
vibrât pas pour Dieu, je l'arracherais et la jetterais
loin de moi. »

- Le dépositaire des secrets de cette âme privilégiée
seul pourrait nous dire quelles furent sa sollicitude
et sa constance dans ce travail du cœur. L'enfant
s'étudiait lui-même avec une minutieuse attention,

se suivait, pour ainsi dire, pas à pas, constatait cette multitude d'intentions subreptices qui lui semblaient traverser et corrompre l'intention première arrêtée au réveil. Dans ses examens et dans ses comptes de conscience, il sondait et analysait les douces émotions de sa charité fraternelle, dont son cœur débordait, voulant s'assurer que Jésus seul en était le principe.

Un travail si assidu, si minutieux, conduisait le jeune Apostolique à découvrir dans son âme tout un nuage d'imperfections. De là, pour son âme délicate, le besoin de confessions fréquentes. Le Père spirituel, n'apercevant dans ces tendances rien qui ressemblât au scrupule, mais le simple résultat d'une action permanente du Saint-Esprit, d'un désir ardent de courir dans les voies de la perfection, le fruit précieux d'une vigilance assidue sur les mouvements du cœur, ne croyait pas devoir mettre obstacle à la confession fréquente, mais il en écoutait les détails avec édification et profit pour lui-même.

Conseils de Fernand à la famille sur la garde du cœur. — Voici encore le jeune Apôtre qui, ayant rencontré et goûté Jésus, brûle de faire partager son bonheur à tous ceux que son cœur affectionne. Il est si convaincu lui-même de la nécessité de cette vigilance assidue, qu'il en parle sans cesse dans ses lettres à la famille. Il signale, en premier lieu, les moyens efficaces pour assurer à Jésus, à Marie et à Joseph, la place qui leur convient. Il vient ensuite aux écueils qui exposent le cœur à un triste naufrage.

« Notre cœur, » écrit-il, « est semblable à un vase « destiné à recevoir une précieuse liqueur. Si Jésus « remplit toute la capacité de ce vase, il en sera

« le plus sûr gardien, et ne laissera place à aucun
« liquide étranger. »

Aussi exhortait-il ses frères et ses sœurs à la communion fréquente, comme au moyen le plus expéditif
et le plus sûr pour combler l'immense capacité de
leur jeune cœur. Lui-même, nous l'avons déjà dit,
était insatiable de cette céleste nourriture.

« Il ne faut pas se contenter, » ajoutait-il, « de briser
« un à un les liens qui nous attachent à la créature;
« mais il faut encore pousser énergiquement notre
« cœur vers celui de Jésus, notre unique centre. Or, le
« moyen d'accélerer le mouvement est dans la sainte
« communion. »

Et ailleurs il écrit: « J'ajouterai, au sujet de mes
« sœurs et d'Emmanuel, que rien ne contribuera à
« sauvegarder leur âme comme la fréquente commu-
« nion. Et pour faire naître et grandir dans leur cœur
« l'amour de Jésus dans l'Eucharistie, la lecture du
« Messager ou de quelque livre de même genre serait
« très utile. »

Fernand vient ensuite aux écueils contre lesquels
il faut se tenir en garde. En premier lieu il déplore
et anathématise les théories jansénistes, tendant à
éloigner les âmes du sacré banquet sous de spécieux
prétextes. Il écrivait : « Rien n'afflige le Sacré-Cœur
« comme cet éloignement, que le Jansénisme s'est
« efforcé d'inspirer, de la sainte communion. »

Un autre point avait vivement frappé Fernand
durant sa première enfance à la maison paternelle. Il
le signale à la vigilante sollicitude de sa bonne mère
en faveur de ses frères et sœurs : « Permettez-moi de
« vous dire quelque chose qui m'a frappé, c'est la trop
« grande familiarité avec les domestiques. Plus j'ai été

« réservé et respectueux envers eux et mieux je m'en
« suis trouvé. »

Dans une autre circonstance, il est plus explicite
avec son cher Emmanuel. « Si quelque méchant sujet
« voulait te faire quelque mauvais coup, fuis. Du
« reste, je sais que tu ne fréquentes pas ces gens-là ;
« mais tu pourrais les rencontrer. Dans ce cas, ne lie
« jamais conversation avec eux, quels qu'ils soient,
« supposé même que ce fut quelque mauvais domesti-
« que. Alors il te faudrait renseigner papa *de suite*. »

Notre Apostolique fuyait lui-même les écueils avec
une scrupuleuse fidélité. Une des règles de l'Ecole
Apostolique proscrit avec sévérité ce qu'on est convenu d'appeler *jeux de main*, c'est-à-dire ces sortes
de familiarités qui, en portant atteinte à la modestie
et aux bienséances, deviennent trop souvent un
écueil à l'innocence. Fernand mettait un soin particulier à l'observation de cette règle. Si, dans l'entrain
du jeu, il lui arrivait d'y porter atteinte, il se reprochait sa faute et se montrait désireux de la réparer
par une accusation publique faite au réfectoire.

Enfin, Fernand avait un conseil à donner au sujet
des lectures frivoles ou romanesques, aussi funestes
pour le cœur que les bonnes lectures lui sont utiles.

« Les bonnes lectures, » écrivait Fernand à sa mère,
« si elles sont intéressantes et propres à nourrir la
« piété, seraient très utiles à mes frères. Ce qui ne
« serait pas bon (je parle ici d'expérience), c'est la lec-
« ture de ces espèces de romans qui, sans avoir rien
« de mauvais, au fond ne signifient rien et troublent
« l'imagination. J'en ai lu plusieurs, et les fruits que
« j'en ai retirés sont nuls. »

Garde des sens extérieurs. — Fernand ne montra pas moins de zèle ni moins de constance à régler l'exercice des sens extérieurs qu'il n'en avait apporté à modérer les mouvements du cœur. Il savait que les sens extérieurs sont comme les issues par lesquelles l'ennemi commun a coutume de faire invasion dans les âmes.

« Fernand, » écrit l'un de ses frères en J.-C., « ne
« levait jamais les yeux en passant dans les rues de la
« ville, mais les tenait toujours baissés en parlant...
« Au réfectoire, il m'échappait quelquefois de rire ;
« mais bientôt un modeste regard de notre frère
« m'avertissait que je n'étais pas en règle.

« Fernand mortifiait la sensualité en privant ses sens
« même des jouissances les plus légitimes. Dans les
« distributions de douceurs, il trouvait toujours quel-
« que raison pour faire passer à d'autres sa portion ;
« mais, nous savions tous que le vrai motif n'était
« autre que le désir de mortifier ses sens et de prati-
« quer la charité fraternelle.

« Dans un groupe, se serait-on permis quelque
« parole légère au préjudice de la charité ? Fernand
« protestait avec énergie, ou se retirait sans hésita-
« tion et sans respect humain. »

L'Apostolique, enfant de Marie, connaissait une autre barrière à opposer au dérèglement des sens. C'était son grand chapelet. Après le crucifix, son rosaire avait ses prédilections. Durant la nuit, il le mettait autour de son cou. Le jour, dans les moments de loisir, il le déroulait pieusement dans ses doigts. L'expérience lui avait appris que Marie est la gardienne assurée des trésors du cœur. Le chapelet était

pour cet enfant comme un lieu sacré dont il se servait
pour retenir ses sens extérieurs en servitude.

« Le chapelet, » écrit un Apostolique, « était le
« compagnon habituel de Fernand dans ses moments
« libres. Il le récitait toujours, en allant en classe et
« au retour. Et, dans ces moments, on peut affirmer
« qu'il ne payait aucun tribut au respect humain ;
« car son immense chapelet tombait jusqu'à terre. Il
« le récitait avec lenteur, et on ne le voyait jamais
« lever la tête. Il paraissait tout pénétré de la pré-
« sence de sa céleste Mère. »

Ces quelques détails suffisent bien pour montrer
avec quelle rapidité le beau lis de l'innocence a dû
monter et s'épanouir dans ce petit jardin fermé à
toute influence pernicieuse, sous la douce action des
Sacrés-Cœurs de Jésus et de Marie, et la puissante
sauvegarde de saint Joseph.

E. — AMOUR DE FERNAND POUR LA MORTIFICATION.

Nous appelons mortifications *volontaires*, celles
qu'une âme généreuse s'impose à elle-même, par un
libre choix de sa volonté, et mortifications *providentielles*, celles qu'elle rencontre sur sa voie sans recherche ni industrie.

Le règlement de l'Ecole Apostolique, en général,
ne reconnaît d'autre pénitence corporelle que l'aveu
public, fait au réfectoire, avant le repas, des fautes
contre l'ordre ou la discipline. Et cette même pénitence est rarement imposée par les supérieurs ; mais
elle est fréquemment sollicitée par les élèves, désireux de réparer, par ce moyen, une cause de mauvaise

édification, de se corriger de leurs défauts, et d'avancer d'un pas rapide dans la voie de la mortification et de l'humilité.

Fernand reconnaissait trois motifs de mortification. — 1° Il avait sans cesse devant les yeux quelques écarts de sa vie passée, qu'il déplorait dans l'amertume de son cœur, et il désirait en effacer jusqu'aux derniers vestiges par la pénitence.

2° Il avait souvent dans les mains son *livre d'or*, les quatre évangiles. Le pieux Apostolique aimait à nourrir sa dévotion et son zèle pour la perfection, par la lecture réfléchie des enseignements que le divin Maître donnait à ses Apôtres. Dans les entretiens intimes du Sauveur avec ses disciples, Fernand avait observé surtout ce qui avait trait aux travaux, aux souffrances et aux humiliations qui attendaient les premiers Apôtres et leurs successeurs dans leur ministère. « Le partage des premiers Apôtres, » se disait-il à lui-même, « sera aussi le mien. Il convient donc de « s'y disposer de bonne heure. »

3° Pour le fervent Apostolique, la pénitence n'était pas seulement un moyen d'expiation, ou même une voie expéditive de formation à la vie Apostolique; elle était surtout à ses yeux le chemin royal qui conduit à Jésus crucifié. Il s'était placé sous l'étendard de ce Chef couronné d'épines, et il avait résolu de le suivre pas à pas jusqu'au terme de sa course.

Mortifications volontaires de Fernand. — Une chose digne de remarque, les directeurs de l'École Apostolique ne se rappellent pas avoir vu l'humble enfant solliciter une pénitence, sortant de la ligne commune. Avec sa rectitude de jugement, il avait compris que les exceptions, surtout en pareille matière, ont coutume de présenter un écueil redoutable à la sainte humilité.

La ligne favorite de mortification volontaire pour notre enfant fut celle qui lui était ouverte par son bienheureux patron et modèle, *la vie commune*, pratiquée à la perfection. Nous l'avons déjà vu suffisamment marcher d'un pas ferme dans cette voie de pénitence.

Mais ce que nous voulons surtout faire ressortir ici, ce sont les pieuses industries dont il faisait usage pour se mortifier dans la vie commune avec plus d'efficacité, sans avoir à recourir à des autorisations particulières, et donner ainsi un aliment à l'amour-propre.

Citons, par anticipation, un extrait d'un petit journal intime dont nous aurons à faire mention plus en détail dans le chapitre suivant : « En lisant la vie de « la bienheureuse Marguerite-Marie, » écrit-il, « je fus « frappé de son attention à éviter les distractions pen- « dant les prières et devant le Très-Saint-Sacrement, « ainsi que les postures plus commodes ou immodes- « tes tant soit peu. J'ai vu que j'avais grand besoin « de faire attention à ce point, et j'ai pris la résolu- « tion de me surveiller moi-même, non seulement à « la chapelle, mais encore partout, même hors le « temps des prières et quand je suis seul. »

Fernand vient de s'ouvrir une voie de mortification qui n'aura pas moins d'efficacité que les disciplines et les chaînes de fer. Elle imposera à sa nature un travail, une contrainte de tous les instants qui, par sa continuité, sera une source féconde de souffrances. Sa tenue générale sera exemplaire partout, en étude, en classe, aussi bien qu'au pied des autels.

Un des directeurs lisait un jour la note citée ci-dessus à l'un des professeurs de Fernand : « Oh ! s'écria ce « dernier, j'ai constaté que mon disciple a fidèlement « tenu sa résolution ; jamais on ne le voyait s'appuyer « au dossier de son banc, ni prendre une posture tant « soit peu relâchée ; jamais ni son professeur ni ses « condisciples n'ont remarqué en lui quoi que ce soit « qui ne pût être proposé à l'imitation de tous ; mais « il était spécialement un modèle de bonne tenue. »

L'Apostolique, qui présidait les exercices de la jeune communauté à titre de surveillant, avait fait sur Fernand les observations suivantes : « Au commence-« ment de l'étude, sa coutume était de lire un passage « dans un livre pieux (l'Évangile ou l'Imitation), et « après avoir lu une sentence, on le voyait au travail. « Au sujet de sa tenue, je n'ai jamais remarqué qu'elle « fut répréhensible. Il gardait exactement sa place, « tenait son buste droit et ne s'appuyait sur son bu-« reau qu'autant qu'il était nécessaire pour écrire son « devoir. Pendant l'étude des leçons, il s'appuyait « rarement, ou il reposait ses mains jointes sur le « bord de la table. »

Un autre condisciple ajoute : « Durant trois mois « passés à côté de Fernand à l'étude, sa tenue exem-« plaire ne fut pas seulement un sujet d'édification, « elle fut encore pour moi un puissant stimulant dans « mes moments de relâche. »

Ce fut principalement cette tenue modèle, croyons-nous, qui lui attira, de la part de ses condisciples du collège, la glorieuse dénomination de *petit saint*. Ce simple détail fait ressortir sans doute, l'énergie de caractère, non moins que l'esprit de mortification du jeune Apôtre.

Fernand et les mortifications providentielles. — Cette nouvelle série de mortifications, que nous avons appelées providentielles, avait un attrait particulier pour le cœur de notre Apostolique. Il les regardait comme des croix tombées du Ciel et les accueillait avec un joyeux respect comme un précieux bouquet de myrrhe qu'il se gardait soigneusement de détourner.

Un des professeurs du collège avait fait sur son élève les observations suivantes : « Fernand avait une « mémoire assez ingrate ; mais il supportait avec une « patience inaltérable cette épreuve toujours pénible « pour un enfant ardent et généreux. Dans les com-« mencements, ne connaissant pas suffisamment mon « élève, il m'arriva de lui donner des notes basées « plus sur le succès que sur les efforts. Jamais cepen-« dant je ne supris en lui rien qui ressemblât à un « murmure ou à une plainte. Un simple mot d'expli-« cation de sa part eût suffi pour mettre un terme à « cette sorte d'injustice involontaire de la part du « professeur. Ce seul mot, Fernand ne le dit jamais. « Ce cher enfant avait pris au sérieux le précepte « de l'abnégation et il le pratiquait avec un cœur « généreux. Il supportait également, sans la moindre « plainte, toutes les espiégleries de ses camarades. »

Laissons Fernand lui-même nous révéler ses sympathies pour ces sortes de croix. Dans le courant de janvier 1875, il écrivait à la famille : « D'abord, je dois « vous dire, que ce mois de janvier nous a fait sentir « ses rigueurs, et a failli démentir d'un seul coup « ce que je vous disais dans ma dernière lettre, que, « malgré le froid, il arrivait qu'après avoir bien sauté « on suait à *grosses gouttes*. Depuis longtemps, on

« n'avait pas vu à Bordeaux une aussi grande quan-
« tité de neige. Mais tout cela n'est qu'une petite
« caresse de la Providence, qui veut nous donner un
« avant-goût de ce que nous souffrirons plus tard, en
« évangélisant les pauvres sauvages; et puis, il faut
« bien quelque chose qui nous rappelle que nous
« sommes sur la terre et que le chemin du ciel est
« semé de ronces et d'épines. »

On le voit, pour ce juste qui vit de la foi, l'intempérie des saisons est un messager céleste, un avant-goût des souffrances de la vie apostolique, un signe de rappel dans la voie épineuse et ardue qui conduit au Ciel.

Résumons dans quelques lignes les maximes de notre Apostolique sur cet important sujet :

« Dans tout ce qui arrive, nous devons considérer
« la main de la Providence qui prend soin de nous
« comme une tendre mère de son petit enfant. » —
« Pour celui qui aime Jésus, les plus grandes croix se
« changent en douces consolations. » — « Dieu de-
« mande de toi la générosité dans les petites croix
« qu'il veut, dans sa bonté, t'envoyer chaque jour. » —
« Le missionnaire au milieu de ses souffrances trouve
« un plaisir dont il ne se rend pas compte et que le
« monde est porté à nier. » — « Il faut se soumettre aux
« dispositions de la Providence, soit qu'Elle caresse,
« soit qu'Elle châtie. »

C'est ainsi qu'en se familiarisant avec les petites croix de la vie commune, le généreux enfant se disposait à franchir un degré plus élevé, c'est-à-dire à faire un accueil cordial à ce que saint Ignace appelle *la robe et les livrées de Jésus-Christ*, faveur singulière aux yeux d'une âme éclairée des lueurs de la foi. — Un peu plus loin, nous verrons avec édification notre Fernand marcher d'un pas ferme et sans défaillance, dans cette voie redoutable du calvaire, à la suite de son divin Maître.

F. — AMOUR DE FERNAND POUR LE TRAVAIL DES ÉTUDES.

Le Prophète Royal nous semble résumer dans trois mots tout le programme d'action d'un Apostolique : *Bonitatem* et *disciplinam* et *scientiam*. La *sagesse*, la *discipline* et la *science*, triple apanage d'un apôtre, triple voie de formation, par conséquent, ouverte devant un aspirant à la vie Apostolique.

Nous avons déjà suivi Fernand dans les deux premières voies. Il reste à faire ressortir le zèle et l'activité qu'il déploya dans la recherche de la science.

Ici encore nous allons voir le jeune disciple du Sauveur, faisant abnégation complète de ses inclinations naturelles, placer sur ses épaules une pesante croix et la porter avec la même générosité, la même constance et la même allégresse que son cher crucifix de congréganiste.

Il a sous les yeux l'instruction suivante :

« Que tous comprennent que si la piété donne le « goût de l'étude et réalise de vrais progrès, l'amour « de l'étude et du travail est aussi un des meilleurs « moyens pour entretenir la piété, se conserver dans la « grâce et l'amitié de Dieu et prévenir les tentations. « Ils seront saintement avares de leur temps et atten-« tifs à ne pas perdre une de ces minutes si précieuses « aux yeux de la foi, disant avec Fénélon : « *Moment* « *présent, petite éternité pour moi.* » (III. 37.)

Nous avons déjà observé que les différents maîtres, qui initièrent Fernand aux premiers éléments jusqu'à l'âge de douze ans, furent unanimes à constater en lui une antipathie prononcée pour l'étude, et ils en attribuaient la cause à son esprit *lent à concevoir*, à son *imagination* tardive et *à sa mémoire ingrate.* — On est incliné sans doute à se montrer indulgent à l'égard d'un enfant de cet âge, s'il laisse apercevoir quelque défaillance dans ses luttes journalières contre ce triple obstacle.

Mais, dès l'âge de douze ans, l'enfant pénétra le sens de la maxime favorite de saint Ignace : « Ceux qui « désirent s'attacher plus étroitement à Jésus-Christ, « et se signaler au service de leur Roi éternel et Sei- « gneur universel, ne se contenteront pas de s'offrir « à partager ses travaux ; mais, agissant contre leur « propre sensualité, contre l'amour de la chair et du « monde, ils lui feront encore des offres d'une plus « haute importance et d'un plus grand prix. »

Le fervent Apostolique avait résolu de se *signaler* dans cette milice, au service de son Roi éternel. Il ne veut pas se contenter de battre l'ennemi, lorsqu'il le rencontrera sur sa voie, il veut encore aller l'attaquer dans sa retraite, en agissant victorieusement contre les inclinations de sa nature.

Il commença par déclarer une guerre à mort à son défaut capital, et il déploya tant de générosité et de valeur dans la lutte, qu'il dépassa le but. Il devint non-seulement l'enfant le plus laborieux de la jeune communauté, mais encore son ardeur pour l'étude fut telle que ses supérieurs durent intervenir pour empê- cher des excès de nature à compromettre la santé du corps.

Un mois environ après son entrée à l'École Apostolique, le vénérable ecclésiastique qui avait été son guide pendant deux ans lui adressait le mot suivant :

« Te voilà donc décidé à dévouer ta vie au service de
« Notre-Seigneur, en allant chercher les pauvres âmes
« des sauvages, comme lui-même, ce bon Sauveur, est
« venu chercher les nôtres. Que le bon Dieu en soit
« béni ! Courage, mon Fernand ! Mais souviens-toi
« que, pour porter le nom de Jésus-Christ aux nations
« païennes, il faut être bon écolier d'abord. Secoue
« donc *cette paresse native*, que nous portons tous
« plus ou moins, et souviens-toi, au milieu de tes petits
« ennuis et de tes légers découragements, que le Ciel
« est au bout de nos travaux et de nos peines. »

Assurément, si l'auteur de cette lettre avait eu connaissance des dispositions actuelles de l'enfant, relativement au travail des études, il aurait donné une tournure différente à son insinuation.

Trois mois après, les anciens maîtres de Fernand changent de langage. L'un d'eux écrit, en janvier 1875 :

« Je t'ai complimenté, cher enfant, sur ton travail.
« Aujourd'hui, je veux t'envoyer de particulières féli-
« citations sur tes succès..... Mais j'apprends que par
« suite de ton grand désir d'être sage, tu t'efforces de
« l'être avec excès..... En récréation, par exemple, tu
« ne prends pas assez d'exercice. A ton âge et surtout
« avec l'application que tu apportes à l'étude, il te
« faut beaucoup d'exercices corporels. Ta poitrine est
« rentrée et tes épaules se sont élevées, conséquence
« de ton excessive application à l'étude et du manque
« d'exercice corporel. »

L'oncle Jésuite, se faisant l'organe de la famille, vient à son tour faire au cher neveu de sages remontrances. Il lui transmet, avec commentaire, les plaintes légitimes de son excellente mère, au sujet de sa correspondance que la famille trouvait trop rare.

...... « J'aurais encore une autre raison de faire « *chorus* avec ta bonne maman. Cette difficulté pour « toi de t'arracher à tes thèmes et à tes versions, en « révélant ton amour du travail, ne trahirait-elle pas « aussi une sorte d'asservissement d'esprit aux ma- « tières que tu traites, je veux dire une préoccupation « et un attachement tels, qu'en te détournant du reste, « ils ne lui laissent pas assez de liberté pour se mou- « voir dans sa sphère ? Ne serait-ce pas à ce manque « de liberté qu'il faudrait rapporter tes distractions, « dont on m'a parlé, et même tes obscurités ? C'est « une réflexion que je te soumets sans insister, per- « suadé que tu travailleras à réprimer cet excès, si tu « sais le découvrir en toi. »

Enfin, citons un dernier témoignage : c'est le directeur spirituel de Fernand du petit séminaire de Périgueux, avec lequel l'enfant entretenait une correspondance suivie. La lettre est datée du 30 août 1875 :

« Je vous félicite, cher enfant, des succès obtenus « par votre persévérance dans le travail durant cette « année scolaire. Toutes vos mentions, à la distribu- « tion des prix, disent assez que vous avez été à votre « chère École Apostolique tel que vous vous étiez « déjà montré à l'École Cléricale, l'année dernière, à « la grande satisfaction de vos maîtres. Encore quel- « ques années ainsi passées laborieusement, et vous « vous serez fait une habitude et même un besoin du « travail. Vous vous apercevrez sans doute avec éton- « nement combien la mémoire la moins heureuse, et

« l'esprit le plus lent s'enrichissent peu à peu par un
« travail assidu. »

Au Collège de Tivoli, maîtres et élèves étaient
unanimes à constater que Fernand accomplissait la
lettre même de sa règle, c'est-à-dire « était saintement
« avare de son temps et se montrait attentif à ne
« point perdre une de ces minutes si précieuses aux
« yeux de la foi. »

Ce seul trait, qui nous montre un enfant de treize
ans passant ainsi subitement et sans transition d'une
habitude d'apathie et de paresse à une habitude toute
contraire, c'est-à-dire à un travail opiniâtre et soutenu, permet de conjecturer quels furent les progrès
de cet enfant dans les voies de la vertu ; car la maxime
de l'*Imitation* est souverainement vraie : « Autant
« vous vous ferez violence à vous-même, autant vous
« profiterez. »

*Quel esprit anima les travaux de Fernand ? —
Quels furent ses succès dans l'étude ?* — Ce n'est
pas sans dessein que nous avons fait remarquer, dès
le début, que l'Auteur de la nature se montra en quelque sorte avare de ses dons à l'égard de cet enfant.
Le divin Maître, nous n'en doutons pas, voulait mettre
sous les yeux de cette petite communauté naissante
l'exemple d'une solide vertu portée à un haut degré,
sans autre stimulant que l'amour du devoir, et justifier, une fois de plus, en couronnant de succès un
travail opiniâtre et ingrat, la maxime des anciens :
« *Labor omnia vincit improbus.* »

Le succès, Fernand ne le chercha jamais pour sa propre satisfaction. « Ah ! » écrivait-il, « un missionnaire
« devrait connaître tout ce qui est utile, non pour

« paraître (ce serait trop bas), mais pour satisfaire sa
« passion de sauver des âmes et procurer la gloire de
« Dieu. »

Tel était, en effet, le but unique que poursuivait le
jeune Apostolique. Sa constante préoccupation était
d'accomplir son devoir, et il laissait à Dieu le soin de
lui donner les succès qu'il jugerait utiles pour sa plus
grande gloire.

Laissons l'enfant lui-même nous faire connaître ses
appréciations sur cette matière dans sa correspondance.

En février 1875, il écrivait à sa famille : « Puisque
« vous demandez mes places, les voici : orthographe,
« 4e; grammaire française, 2e; analyse, 3e. Ces places
« ne sont pas excellentes, vu le nombre des élèves de
« cette classe; mais je fais tous mes efforts, et j'espère
« que Dieu les bénira. »

A la fin de cette même année, il fait connaître à sa
famille le résultat de ses travaux.

« La classe, » écrivait-il, « se composait de huit
« élèves. Il y avait un prix et deux mentions pour
« chaque branche. J'ai eu les prix de catéchisme et
« de thème latin, et les premières mentions en excel-
« lence, version, analyse, exercices grecs, et la
« seconde mention en diligence. J'ai eu aussi l'*op-
« time* à l'examen du deuxième semestre. Priez le bon
« Dieu de bénir mes efforts. Devant prochainement
« monter en quatrième, je devrai, ces vacances, tra-
« vailler plus qu'à l'ordinaire. »

La divine Providence va mettre Fernand à une rude
épreuve. L'année suivante, en effet, il passe de la
classe de sixième à celle de quatrième. Le nombre des
élèves approchera de la quarantaine. Doit-il attendre

les succès que son cœur convoite pour l'honneur de
l'École Apostolique?

Cependant il s'élance dans cette nouvelle carrière
avec son énergie ordinaire, et, dans le courant de
décembre, il envoie à sa famille l'information suivante :

« Vous désirez connaître mes places des composi-
« tions hebdomadaires. Elles ne sont pas aussi bonnes
« que vous pouvez le désirer. Version latine, 11.13 ;
« en thème latin, 30.2 ; en version grecque, 17 ; en
« thème grec, 22.22. Mais je fais tout ce que je puis
« et laisse à saint Joseph et au Sacré-Cœur le soin de
« faire le reste. Ils ont voulu me donner une place de
« second. Je vous envoie le témoignage qu'on m'a
« remis, pensant qu'il vous sera agréable. »

A la fin de cette année scolaire, l'enfant avait monté
dans sa classe. A la suite de la distribution des prix,
il écrivait à son oncle, Jésuite à Vals, près Le Puy :

« L'année scolaire est terminée. J'ai eu plusieurs
« succès : un second prix de diligence, des mentions
« en arithmétique, en catéchisme et en vers latins. »

L'enfant aurait été plus heureux sans une distraction regrettable. Au lieu de joindre sa composition à
la collection commune, Fernand la renfermait dans
l'enveloppe destinée à recéler le nom de l'auteur ;
ainsi plusieurs de ses devoirs passèrent inaperçus, et
sa méprise le mettait hors de concours.

Enfin, voici le laborieux élève arrivé en troisième,
dont il ne verra pas le terme. En janvier, il écrit :

« Mes places sont le plus souvent parmi les dix pre-
« mières de la classe ; rarement au-dessous. Jamais
« premier, une fois second, quelquefois, mais rare-
« ment troisième, plus souvent quatrième et cin-
« quième, puis sixième et septième, etc. »

Cette série d'extraits montre le généreux Apostolique à l'ouvrage avec une bonne volonté et une constance que nul obstacle n'ébranle. Il est content des revers comme des succès ; parce que dans l'un et l'autre cas, la conscience lui rend témoignage qu'il a fait son devoir. Il monte graduellement dans sa classe, et au moment où il est saisi par l'infirmité, il est au huitième rang, ce qui lui donne droit de se revêtir de l'habit ecclésiastique aux termes du règlement. Il a verifié une fois de plus la maxime de l'Evangile : « Cherchez premièrement le royaume de Dieu, et le « reste vous sera donné par surcroît. »

G. — DÉFAUTS ET IMPERFECTIONS RÉELS OU APPARENTS DE L'APOSTOLIQUE FERNAND.

Nous lisons, dans le livre des Juges, un trait historique qui nous fournit ici une heureuse application. Il est dit que Samson descendant de Thamnatha rencontra un jeune lion rugissant qui lui disputait le passage. — *Saisi à l'instant par l'esprit du Seigneur*, l'homme de Dieu terrassa son redoutable adversaire comme un faible agneau. A son retour, s'étant arrêté pour considérer le cadavre gisant, il trouva dans sa gueule un essaim d'abeilles et un rayon de miel.

Un jeune Apostolique, qui est résolument décidé à se diriger vers le Cœur de Jésus, et à se *signaler à la suite de son Seigneur et Roi éternel*, rencontrera sur sa voie le lion rugissant... qui lui disputera le passage. Si, loin de perdre courage, mais plein de confiance en *Celui qui fortifie*, le jeune candidat Apostolique, *assisté par l'esprit du Seigneur*, réussit à mettre sous ses pieds son redoutable ennemi, il trouvera, lui aussi, dans ses dépouilles une nourriture exquise pour lui-même et pour les âmes qui lui seront un jour confiées.

Les insultes de l'ange de Satan furent pour l'Apôtre des nations un remède salutaire contre l'enflure qu'aurait pu produire en lui la sublimité de ses révélations. *La vertu se perfectionne dans l'infirmité.* Aussi la divine Providence, loin de mettre à l'abri de ces luttes humiliantes les âmes généreuses sur lesquelles elle a des desseins particuliers de miséricorde, semble-t-elle, au contraire, leur ménager des occasions fréquentes de s'exercer dans cette stratégie spirituelle. Bien plus, pour arriver plus sûrement à son but, elle permet des chutes dont elle sait tirer de glorieux triomphes. L'apostasie du prince des Apôtres ne fut-elle pas la médecine efficace qui le guérit radicalement de sa présomption ?

L'homme apostolique n'est-il pas la reproduction fidèle de ce Pontife souverain, dont il est écrit : « Nous n'avons pas un Pontife qui ne puisse pas « compatir à nos infirmités, qui n'ait pas passé par « toutes les épreuves, sauf le péché, afin qu'il serve « de modèle ? »

Il est donc nécessaire que l'apôtre, représentant naturel de ce Pontife miséricordieux, apprenne à son tour, par une expérience personnelle, à compatir à l'infirmité humaine.

Fernand perfectionne sa vertu dans l'infirmité. — Notre Apostolique devait s'envoler jeune vers le ciel. Et cependant la divine Providence ne lui épargna pas les infirmités qui *perfectionnent la vertu.* L'enfant de treize ans sentit en lui-même l'action puissante de cette double loi, celle de l'esprit et celle des membres ou de la chair, dont parle l'Apôtre dans son épître aux Romains.

Sous l'action de cette double puissance, Fernand entrait dans son néant, combattait avec fermeté les désirs de la chair et des sens, les inclinations déréglées de l'esprit et du cœur, examinait scrupuleusement sa conscience délicate, pour constater les gains et les pertes, renforçait sa bonne volonté par des résolutions énergiques. Afin de s'assurer la victoire, il cherchait lumière et force dans ses entretiens fréquents avec son père spirituel, et implorait de toutes parts le secours de la prière. Ses défaillances, loin de l'abattre, étaient pour lui comme un stimulant qui le poussait énergiquement vers le terme de ses désirs.

Laissons l'enfant lui-même nous révéler dans sa correspondance quelques-unes de ses faiblesses. Quelques mois après son entrée à l'École, il déplore amèrement ses résistances à l'appel divin : « Quelle folie ! « écrit-il, quelle ingratitude !... Je ne connaissais pas « le don de Dieu... Priez donc pour moi, afin que je « sois plus sage. J'ai grand besoin de prières. »

Aux approches du mois de juin : « Voici le mois du « Sacré-Cœur, si beau pour tous les chrétiens, cette « année spécialement (année jubilaire), mois de grâ- « ces et de bénédictions. Mais pour participer à ces « faveurs, il faut chasser et corriger les défauts ou « imperfections qui y mettent obstacle. Hélas ! je ne « suis pas exempt de ces défauts. Pour renverser ces « obstacles, j'ai besoin de prières. Les vôtres ne me « feront pas défaut. Priez donc d'une manière spéciale, « afin que le bon Dieu fasse de moi un Apostolique selon

« son cœur, un enfant prêt à tout pour lui plaire, un
« bon missionnaire. Qu'il est beau de gagner des
« âmes à Jésus-Christ ! C'est mon plus ardent désir. »

Le 31 décembre, il écrivait : « Priez un peu pour votre
« Fernand : il a mauvaise tête, mais bonne volonté. »

Il est manifeste que le cher Apostolique avait une
connaissance intime et pratique des misères de sa
nature, un désir constant et efficace de se corriger et
une confiance persévérante dans la prière.

Témoignage des registres de l'École Apostolique.
— Les moyens disciplinaires usités dans les maisons
ordinaires d'éducation, et qu'on appelle punitions, ne
sont pas admis à l'École Apostolique. Le stimulant
universel, soit pour la discipline, soit pour le travail,
doit être dans l'amour du devoir. L'enfant qui aurait
besoin d'un correctif plus énergique serait rendu à sa
famille. C'est un nouveau trait de ressemblance avec
la famille de Nazareth, où ces correctifs furent abso-
lument inconnus. Cependant, comme nous n'avons
pas droit d'attendre de l'Apostolique le plus accompli
cette perfection de vertu que nous admirons dans
l'Enfant de Nazareth, l'École a dû pourvoir à une
sanction disciplinaire.

« La sanction ordinaire de l'École Apostolique, »
dit la Règle, « consiste dans les notes hebdomadaires
« qui sont toujours lues en public, et qui seules
« devraient suffire à contenir chacun dans le devoir
« et à le ramener, s'il venait à s'oublier un instant. »
(III, 94.)

Fernand a laissé quelques taches légères dans ce
registre de l'École Apostolique. — Ses notes, il est
vrai, ne descendirent jamais au-dessous de *très bien;*

mais il arriva assez souvent qu'il vint s'y adjoindre une légère nuance, qui en altérait la valeur, ce qui était pour le fervent Apostolique, si désireux de perfection, une cause féconde d'amertume et d'humiliation.

Il sera utile de rappeler ici un témoignage déjà cité : « Cette difficulté pour toi, » lui écrivait l'oncle Jésuite, « de t'arracher à tes thèmes et à tes versions... ne « trahirait-elle pas une sorte d'asservissement d'esprit « aux matières que tu traites?... Ne serait-ce pas à « ce manque de liberté qu'il faudrait attribuer ces « distractions dont on m'a parlé et même parfois tes « ténèbres? »

C'est, en effet, à cet état d'abstraction, produit par un travail excessif, qu'il faut attribuer la cause involontaire des quelques taches que nous venons de constater.

Une autre cause également involontaire est signalée par le professeur de la classe : « Dans les commence- « ments, » dit-il, « ne connaissant pas assez le cher « enfant, il m'arrivait de lui donner des notes basées « plutôt sur les succès que sur l'application. Un seul « mot d'explication eût suffi pour faire cesser cette « sorte d'injustice involontaire ; mais ce mot le géné- « reux enfant ne le prononça jamais ! »

Moyens et industries de Fernand pour triompher de ses ennemis. — 1° Fernand avait fixé avec précision le terme vers lequel il devait diriger ses mouvements, le Cœur de Jésus, centre de son repos pour le temps et l'éternité. Cette faim et cette soif de Jésus, il les entretenait par toutes les industries que lui suggérait l'amour. Nous savons que ce désir constant de perfection est la première condition de succès dans le combat spirituel.

2° Pour mettre au jour les ennemis de Jésus et le terrasser, il faisait usage de l'arme puissante fournie par saint Ignace. Il aimait à bien préciser le côté faible de la place et ne déterminait rien sans la sanction de l'obéissance. Il ne négligeait pas le livret dans lequel il enregistrait ses gains et ses pertes.

3° Le courageux enfant ne se bornait pas à ce travail journalier. Le vendredi, revue de la semaine; le premier vendredi du mois, travail semblable, mais plus en grand, portant sur le mois entier.

4° Fernand trouvait encore un moyen efficace pour battre ses ennemis dans la pratique des anges gardiens. Un de ses frères, choisi pour cet office, rend le témoignage suivant :

« La pratique des anges gardiens lui semblait un
« moyen efficace pour se corriger de ce qu'il appelait
« ses nombreux défauts. Il ne manquait pas d'aller
« trouver, dès qu'il le pouvait, celui des Apostoliques
« qu'il avait choisi pour lui rendre ce service. J'ai été
« désigné moi-même pour remplir auprès de lui cette
« fonction. En voyant tant de vertu et de charité, je
« n'osais pas d'abord me faire le censeur d'un frère si
« accompli et si supérieur à moi; mais il acceptait
« mes remarques avec une telle expression de satis-
« faction, que bientôt je n'éprouvai aucune peine. La
« plupart du temps, je n'avais rien à lui dire qui res-
« semblât à un défaut, et je devais me borner à des
« généralités. »

5° Enfin, le moyen incomparablement le plus sûr, le plus efficace, était la parfaite ouverture de cœur. Il voulait que toute son âme fût, à l'égard de son père spirituel, aussi transparente qu'un *pur cristal* ou une *eau limpide.*

L'esquisse, que nous venons de tracer, des défauts et imperfections de notre Apostolique, ne semble pas de nature à assombrir le tableau de ses vertus. Elle nous montre le jeune soldat de Jésus-Christ allant directement à son but. — Il terrasse bravement les ennemis qu'il rencontre sur sa voie et va même les provoquer dans leur retraite.

DEUXIÈME PARTIE

Fernand Garrigue est attiré par le Sacré-Cœur de Jésus dans une voie plus parfaite.

CHAPITRE PREMIER

Du mois de juin 1876 au mois d'avril 1877.

Une année va s'écouler, et la mort viendra sonner l'heure du repos. Fernand mourra jeune; mais il sera peut-être permis de dire de lui : *Consummatus in brevi explevit tempora multa.* A partir de ce commencement de juin 1876, le Sacré-Cœur va travailler avec un soin spécial cette âme généreuse, lui communiquant son esprit avec plus d'abondance. Sous l'action puissante de ce Dieu d'amour, on verra le pieux enfant rejeter loin de lui avec plus de diligence les œuvres de ténèbres, se dépouiller de lui-même de plus en plus pour se revêtir de Jésus-Christ. Nous allons le suivre dans cette voie d'ascension vers la perfection et la sainteté propres de son état, en parcourant trois périodes distinctes de la fin de sa vie, marquées toutes les trois par un accroissement de grâces et de vertus.

I

Consécration et offrande de Fernand au Sacré-Cœur de Jésus, au commencement de Juin 1876.

Le mois du Sacré-Cœur de l'année 1876 était impatiemment attendu à l'École Apostolique de Bordeaux. Le mois de Saint-Joseph et, à la suite, le mois de Marie avaient de loin disposé la jeune famille à célébrer celui du Sacré-Cœur avec un redoublement de piété et de ferveur. Aussi ce mois précieux fut-il comme le couronnement d'une série de généreux efforts et d'ardents désirs.

Pour exciter et soutenir le zèle des enfants, on suggéra l'idée d'une adresse personnelle au Sacré-Cœur, écrite et signée de la main de l'auteur. Tous ces écrits individuels devaient être liés en faisceau, symbole d'union fraternelle, et offerts chaque jour au Saint Autel. La même offrande devait être déposée, le reste de la journée, aux pieds de l'image du Sacré-Cœur, dans la salle d'étude, comme une oblation permanente, et un stimulant efficace à la bonne volonté. Une lampe, brûlant jour et nuit, avertissait l'Apostolique du feu intérieur qu'il devait s'efforcer d'alimenter au fond de son cœur, durant ce mois, avec un soin spécial.

Il fut convenu que cette adresse renfermerait deux parties. La première serait une offrande, celle qu'un cœur généreux inspirerait. La seconde partie serait une demande, la mieux appropriée aux besoins généraux ou particuliers de la communauté et de chacun de ses membres.

Dans l'énumération des faveurs générales à solliciter, les directeurs insistèrent principalement sur l'importance d'obtenir du Sacré-Cœur, pour la jeune famille, une reproduction aussi fidèle que possible du bienheureux patron et modèle des Écoles Apostoliques, Jean Berchmans.

« Il est vrai sans doute, disaient-ils, que nous avons
« au Ciel le modèle accompli du parfait Apostolique,
« et l'histoire de sa vie nous met sous les yeux, jusque
« dans les moindres détails, les traits qui le caracté-
« risent. Mais nous remarquons que cet ange de la
« terre, dans toute la durée de son existence, fut
« l'objet d'une attention providentielle, qu'on peut
« appeler exceptionnelle. Pour mettre en sûreté son
« admirable innocence et stimuler sa vertu, il eut la
« sauvegarde et l'aiguillon de la vie religieuse. Enfin
« son cœur généreux porta jusqu'à l'héroïsme la per-
« fection de la vie commune. Toutes ces considéra-
« tions ne sont-elles pas de nature à faire naître dans
« l'âme timide d'un jeune Apostolique la funeste
« conclusion : *Un tel modèle est au-dessus de la*
« *portée commune?* Mais si, à toute heure du jour,
« nous avons le privilège de voir à l'œuvre, au milieu
« de nous, une copie vivante et fidèle du céleste
« exemplaire, toutes les difficultés s'évanouissent, et
« ne laissent prise à aucun vain prétexte. Pourquoi,
« en effet, ne serais-je pas moi-même comme cet autre
« Berchmans vivant et agissant qui travaille à côté
« de moi et sous mes yeux? »

L'idée de reproduire les vertus et la sainteté de Berchmans frappa vivement l'Apostolique Fernand. A la vue de ses misères, il hésita un moment ; mais, se rappelant que l'homme devient *tout-puissant en Celui qui fortifie*, il prit courage, et, après avoir prié, il traça les lignes suivantes, empreintes d'un sentiment d'humilité, d'abnégation et de confiance :

« SUPPLIQUE AU CŒUR ADORABLE DE JÉSUS

« I. O Cœur de Jésus ! Nous vous demandons en
« commun un *Berchmans* dans votre *petite vigne*
« *choisie*. Je m'offrirais volontiers pour devenir ce
« Berchmans, mais je suis si misérable que vous
« devrez faire un grand miracle.

« II. Cœur de Jésus ! Je veux faire de grands pro-
« grès dans l'humilité ; envoyez-moi beaucoup d'hu-
« miliations.

« III. Cœur de Jésus ! Je veux avancer dans le déta-
« chement des choses de la terre ; envoyez-moi des
« souffrances, beaucoup de mortifications.

« IV. Donnez-moi pour mes frères une charité
« sans bornes, une grande pureté de cœur et de
« conscience, une horreur mortelle pour le péché, la
« grâce de regarder mes frères comme supérieurs à
« moi. Donnez-moi l'esprit d'ouverture à l'égard de
« mon directeur, une mort de juste.

« V. Ces mêmes grâces, je les demande pour mes
« frères. Je demande de plus pour la communauté
« l'esprit d'union, d'amour pour Jésus, de prière, de
« mortification, de silence, de travail.

« O Cœur de Jésus, agréez mes vœux ! »

L'offrande était généreuse et la résolution fut irrévocable.

Le bon Dieu, qui donne sa grâce aux humbles, et ne résiste jamais aux tendres supplications d'une âme qui n'a d'autre désir que de s'unir à lui, agréa les vœux de notre Fernand, et le plaça immédiatement sur les traces de son divin modèle vers le Calvaire.

L'enfant va nous révéler son dessein dans sa correspondance avec sa famille. Le 12 août, fête de sainte Claire, vient chaque année raviver, dans le cœur du cher enfant, le souvenir d'une joyeuse solennité. Fernand envoie à sa tendre mère ses souhaits de bonne fête.

« Chère mère, ce ne serait pas un compliment, plus
« ou moins correct, qui vous ferait mieux connaître
« que votre enfant vous aime. Aussi je ne veux pas
« recourir à ce moyen. Vous me connaissez, et vous
« savez quelle est mon affection pour vous. Dans le
« passé, si ma légèreté a causé quelque amertume à
« votre cœur de mère, j'ai imploré votre pardon et
« vous avez oublié mes infidélités. Oui, je sais que
« vous m'aimez plus que je ne mérite. Que ferai-je
« donc en témoignage de filiale reconnaissance ? Vous
« offrirai-je un bouquet ou une image ? Oh ! cela seul
« ne saurait satisfaire votre cœur... Des succès dans
« l'étude ? Ce présent vous serait agréable, je le sais.
« Mais vous désirez mieux encore. Je comprends que
« vous et papa, vous unissant dans un désir commun,
« vous me dites, en me montrant Berchmans : « Imite
« celui-là, et nous serons satisfaits. » Oui, là est le
« moyen efficace de vous dédommager de vos peines
« et de vos sacrifices. Mais, hélas ! comment ai-je
« ressemblé à ce Bienheureux jusqu'à ce jour ? Ne

« s'est-il pas tourné vers le Père céleste avec un regard
« de tristesse, demandant miséricorde pour moi? Cela
« n'est arrivé que trop souvent! C'est une raison de
« plus de devenir désormais plus fidèle imitateur de
« ses vertus. Pourquoi différer? Aujourd'hui, fête de
« sainte Claire, veille de celle de notre Bienheureux
« Patron, est le jour propice pour une telle résolution.
    « Eh bien, oui, je promets, devant le Bienheureux
« Berchmans et sainte Claire, d'être à l'avenir plus
« docile et plus fidèle imitateur de ce grand modèle.
« Mais puis-je compter sur moi? Ma faiblesse et mon
« inconstance vont si loin que je suis incapable des
« moindres choses, si Dieu ne vient à mon aide. Aussi
« je compte sur vos prières.
    « Adieu, chère mère. Priez pour votre Fernand. »

II

Fernand s'élance d'un cœur généreux dans sa nouvelle voie, à la suite de Berchmans.

Nous venons de voir notre Apostolique, durant deux
années de vie commune, accomplissant ponctuellement la promesse solennelle qu'il avait faite au pied
de l'autel :

    « O Bienheureux Berchmans!... Je viens, sous votre
« protection, me consacrer solennellement à Dieu, et
« prends la résolution de devenir un *parfait Aposto-*

« *lique*. Obtenez-moi de réaliser ce beau nom, qui
« signifie *élève modèle*. »

Il est vrai de dire, toutefois, que ce mois de juin
1876 va devenir pour l'adolescent l'époque de beaucoup la plus importante de sa vie, dans ce sens qu'il
lui ouvre une voie nouvelle de perfection et de sainteté, dans laquelle il s'engagera pour le reste de ses
jours.

Nous allons suivre le pieux enfant sous l'action
persévérante d'une grâce intérieure inaccoutumée,
qui l'éclaire et le guide dans tous les détails, stimule
sans cesse sa bonne volonté, lui reproche ses plus
légères infidélités, et purifie son cœur en lui manifestant toutes les saillies de la nature.

JOURNAL INTIME DE FERNAND

La divine Providence, nous n'en doutons pas, préparait dans cet enfant un modèle à proposer dans la
suite à ses frères en Jésus-Christ. Aussi lui inspira-
t-elle, par des voies secrètes, la pensée de noter jour
par jour, avec date précise, les lumières et autres
grâces de choix, dont le Sacré-Cœur se plut à le
favoriser, durant la période que nous allons parcourir.

1° *Une voie sûre et efficace de mortification continuelle*. — La première note porte la date du 10 juin
et est ainsi conçue : « En lisant la vie de la Bien-
« heureuse Marguerite-Marie, je fus frappé de son
« attention à éviter les distractions pendant les prières
« et devant le Saint-Sacrement, ainsi que les postures
« plus commodes ou immodestes tant soit peu. J'ai

« vu que j'ai grand besoin de faire attention à ce
« point, et j'ai pris la résolution de me surveiller, non-
« seulement à la chapelle, mais encore partout, même
« en dehors du temps des prières et lorsque je suis
« seul. »

Nous avons déjà vu maîtres et élèves du Collège de
Tivoli rendre témoignage que Fernand accomplit
ponctuellement sa résolution, et qu'il fut invariablement un modèle de bonne tenue partout.

2° *Vigilance spéciale les jours de fête*. — Le 21 juin,
fête de saint Louis de Gonzague, inspira la note suivante : « Le jour de saint Louis de Gonzague, j'ai
« compris et j'ai laissé entrer dans mon cœur cette
« pensée que, les jours de fête, on reçoit beaucoup de
« grâces, surtout si on s'y est préparé avec soin ;
« mais, ces jours-là, le démon redouble de rage pour
« nous dissiper et empêcher ainsi l'effet de ces grâces.
« Je dois donc me défier beaucoup de moi-même dans
« ces moments, comme toujours du reste et demander
« force et courage à Jésus. »

Cette pensée salutaire, que le pieux enfant *laisse
pénétrer dans son cœur*, porte assurément l'em-
preinte du bon Esprit. Cette joie expansive, qui se
manifeste les jours de fête, est sans doute un don du
Saint-Esprit. Mais elle pourrait bien avoir ses dangers
et donner au démon un moyen aisé de dépouiller l'âme
de ses trésors spirituels, en fournissant un aliment à
la nature toujours avide de se répandre au dehors.

3° *Fidélité dans les petites choses*. — « Un jour, je
« n'avais pas très bien servi à table. Quelqu'un vint
« me dire : « Ne savez-vous pas mieux que moi que la

« vertu consiste à bien faire les petites choses ? Je fus
« tenté intérieurement de me moquer de cet avertis-
« sement, d'autant plus que le frère qui me le donnait
« n'avait aucune autorité ; mais une voix intérieure
« me dit de m'humilier et de mieux faire à l'avenir. »

Ici le guide intérieur vient à propos apporter un
salutaire correctif à une saillie de la nature. L'humble
enfant incline la tête et se soumet à l'action providentielle.

4° *Un mouvement de vaine gloire.* — « Le 24 juillet,
« je passai une partie de l'étude à faire des vers,
« comme si j'étais poëte. Bien plus, je suis allé réciter
« ces vers à un de mes frères, comme si j'avais fait
« un chef-d'œuvre ! Quelle vanité ! Jusques à quand
« serai-je sans fouler aux pieds cette vanité ? »

Un écolier ordinaire se pardonnerait aisément cette
légère infidélité ; mais Fernand, à la lueur du flambeau
intérieur qui l'éclaire, la trouve hideuse. La vanité
est un ennemi d'autant plus dangereux qu'il est plus
subtil, et se glisse dans les œuvres même les plus saintes. Fernand voulait à tout prix s'affranchir de cet
ennemi ; c'est pourquoi il avait écrit dans son adresse
du mois de juin : « Cœur de Jésus, je veux faire de
grands progrès dans l'humilité ; envoyez-moi beaucoup
d'humiliations. »

5° *Pureté de conscience.* — Le jour suivant, 25 juillet, la voix intérieure réprouve une nouvelle infidélité :
« Aujourd'hui, 25 juillet, j'ai eu une distraction volon-
« taire à la Sainte Messe ; mais ensuite j'ai eu la
« pensée de m'en accuser au Père, car quelque chose

« me dit que je dois me donner tout entier et sans
« réserve au bon Dieu. »

L'Apostolique a compris qu'une faute même légère,
mais *volontaire*, a un caractère spécial de gravité
pour une âme qui a résolu de se donner à Dieu sans
réserve. Il ne se contentera pas d'en faire l'aveu dans
la confession hebdomadaire, mais encore, dans le but
de se punir de son infidélité et de se corriger plus efficacement, il en fera l'humble révélation à son Père
spirituel hors de la confession pour en recevoir un
remède salutaire.

6° *Un excès de bonne volonté.* — Notre Fernand
nourrissait dans son cœur un désir ardent, presque
immodéré, de devenir un *savant*. Il aurait voulu en
tout point se placer sur les traces du célèbre abbé de
Clairvaux, dont la vie l'avait particulièrement frappé.
Ce désir de la science, dans notre adolescent, allait
jusqu'à une sorte de passion. Rien cependant, à l'extérieur, ne dénotait ostensiblement cet excès de noble
ambition, si ce n'est peut-être le travail constant et
opiniâtre dont nous avons déjà parlé. La note qu'on
va lire montrera par quels moyens la douce Providence
tempérait et purifiait cette soif trop ardente et avec
quelle docilité l'Apostolique se soumettait aux desseins
secrets de Dieu sur lui :

« Le 25 juillet, le Saint-Esprit m'envoya une épreuve
« bien salutaire. Comme je songeais, je ne sais com-
« ment, à plusieurs pensées que j'avais eues sur la
« gloire que je pourrais m'attirer, si je devenais savant,
« et sur plusieurs autres, par lesquelles, voyant l'im-
« possibilité d'acquérir cette science, je m'étais un
« peu chagriné, je sentis une inspiration qui me

« reprocha vivement mon infidélité, me fit compren-
« dre la vanité de mes pensées et me blâma de mon
« peu d'humilité et d'abandon à Jésus. »

C'est toujours le Saint-Esprit, par une action permanente, poussant dans la terre le petit grain de froment pour le faire mourir à lui-même, et lui assurer
une plus grande fécondité.

7° *Goûts spirituels sacrifiés au profit de la charité
fraternelle.* — « Pendant les vacances de 1876, je me
« dissipai les premiers jours. Néanmoins, pendant
« tout ce temps, la grâce de Dieu ne me quittait pas ;
« elle me reprochait ma conduite, mais je ne suivais
« pas ces bons mouvements et me laissais aller. Cepen-
« dant, je crois que la grâce a triomphé, et je suis
« forcé de dire que Dieu est bien bon, puisqu'il fait
« tant pour nous, Apostoliques, et pour moi en parti-
« culier. »

Toute la communauté remarqua, en effet, et non
sans admiration, que, durant ces vacances de 1876,
les dernières que Fernand passa sur la terre, il se sur-
passa lui-même en se mettant au service de ses frères
pour les jeux et divertissements d'usage. Il savait par
expérience que les douceurs de sa dévotion allaient
subir une dépression notable ; mais, d'avance, il avait
eu l'avis de son Père spirituel, qui l'avait encouragé à
marcher dans cette voie pour le bien commun, même
au préjudice de ses intérêts les plus chers. — Fernand
avait écrit dans sa supplique au Sacré-Cœur : « Mon
Dieu, donnez-moi pour eux (mes frères) une charité
sans bornes. » — S'oubliant lui-même, il fut l'âme
des jeux publics et des amusements de tout genre,
surtout des représentations théâtrales.

8° *Expression de sympathie pour trois vertus favorites.* — « Obéissance !... Humilité !... Pauvreté !...
« Venez, je vous aime, je ne veux pas vivre sans vous !
« Insubordination !... Orgueil !... Richesse !... vous êtes
« des monstres hideux, je ne veux pas vous voir :
« vous êtes les ennemis de Jésus, fuyez ! »

9° *L'habit ecclésiastique.* — Afin d'abréger, nous passons sous silence bien d'autres détails de l'édifiant Journal, pour arriver à une dernière note, portant la date du 11 mars, époque où Fernand sentit les premières atteintes du mal qui le conduisit au tombeau. — Cette note trouvera sa place naturelle dans l'un des paragraphes suivants. Néanmoins, nous croyons devoir la rapporter ici, afin de donner une vue d'ensemble des opérations intérieures de la grâce dans cette âme privilégiée :

« Il ne faut pas que je regarde ma prise d'habit
« ecclésiastique comme une pure formalité, mais plu-
« tôt comme un grand bienfait du Sacré-Cœur, qui
« m'impose de grandes obligations. Je vais prendre
« l'uniforme d'un soldat de Jésus ! Je dois donc deve-
« nir un valeureux champion de Jésus !.. Aujourd'hui,
« vendredi, je prends la résolution : 1° de me corri-
« ger du défaut de vouloir faire des traits d'esprit ;
« 2° de m'efforcer de mieux faire mes visites à l'ave-
« nir. »

III

La divine Providence donne satisfaction aux désirs de Fernand pour les humiliations.

« Cœur de Jésus ! je veux faire de grands progrès
« dans l'humilité ; envoyez-moi beaucoup d'humilia-
« tions ! » (*Supplique de juin.*)

Le divin Cœur de Jésus répondit à cet appel avec
une merveilleuse fidélité.

Nous avons déjà fait observer que le Directeur de
l'École Apostolique rarement approuve et autorise
des pénitences ou humiliations sortant de la voie
commune. S'il remarque qu'un enfant, pour répondre
aux mouvements de son cœur, désire suivre de plus
près le divin Modèle par une imitation plus parfaite,
il l'engage à s'adresser lui-même directement au
Sacré-Cœur, le suppliant de dilater en sa faveur la
mesure des souffrances et humiliations de pure Providence.

Fernand connaissait cette disposition de son supérieur. Aussi jamais il ne sollicita une pénitence ou
une humiliation qui serait sortie de la ligne commune.
Mais son cœur, avide de souffrance et d'humiliation,
alla puiser directement à la source.

Là, sans le moindre doute, est le secret de cette
double demande rapportée au commencement de ce
chapitre : « Cœur de Jésus ! Je veux faire de grands

« progrès dans l'humilité ; envoyez-moi beaucoup
« d'humiliations, Cœur de Jésus! Je veux avancer
« dans le détachement des choses terrestres ; envoyez-
« moi beaucoup de souffrances, beaucoup de mortifi-
« cations. »

Cette double demande est caractéristique et met en
évidence le dessein arrêté de l'Apostolique : se
dépouiller de tout le créé par la mortification et la
souffrance ; se revêtir des glorieuses livrées de son
divin Chef par l'humiliation et l'opprobre ; et par ce
double degré, arriver à reproduire, aussi fidèlement
que possible, la douce humilité du Cœur de Jésus :
Tel fut le dessein avoué de Fernand.

Le chapitre suivant décrira en détail ses souffrances
durant quatre mois consécutifs de graves infirmités,
et les dispositions de patience, de douceur et de
franche gaîté qu'il ne cessa de faire paraître en
gravissant les marches du Calvaire sous le poids de
sa croix.

Arrêtons-nous quelques moments à faire ressortir
le surcroît d'humiliations et d'opprobres que la
divine Providence ménagea à son enfant durant
la courte période qui s'écoula entre le mois de juin et
sa dernière maladie.

Première source d'humiliations. — La première
source d'humiliations, ouverte à notre enfant, fut
intérieure et connue seulement du dépositaire de ses
secrets intimes. Une conscience timorée à l'excès, ne
révélant dans tous les détails de la vie qu'infidélité et
poussière, tenait l'humble adolescent plongé dans les
profondeurs de son néant. Il avait sans cesse au fond
du cœur, et souvent sur les lèvres, le cri du Prophète :

Miserere mei, Deus ! Nous l'avons dit plus haut, la divine Providence travailla activement au dégagement de ce jeune cœur à toutes les époques de sa vie ; mais son action redoubla d'intensité durant la période actuelle. Ce fut le Jardin des Oliviers qui le disposait au Calvaire.

Deuxième source d'humiliations. — Une autre source d'humiliations nous a été déjà révélée en partie par une note du Journal intime. Fernand ayant constaté l'impossibilité pour lui d'arriver au degré de science qu'il convoitait, s'était laissé aller à la tristesse et au chagrin ; mais la voix intérieure lui reprocha son défaut d'humilité et d'abandon à Dieu.

Quoi qu'il en soit des divers jugements portés sur les aptitudes intellectuelles de Fernand durant sa première enfance : *Esprit lent à concevoir, imagination tardive, mémoire ingrate,* il est incontestable que, parvenu à l'adolescence, par son industrieuse et constante activité, il avait si bien fait valoir l'unique talent de la nature, qu'il offrait tous les signes extérieurs d'un enfant supérieurement doué du côté de l'intelligence et du jugement, ce qui faisait dire à un Père grave du Collège de Tivoli, dont nous avons déjà rapporté le jugement : « Je n'ai eu avec cet enfant que des rapports de circonstance, mais j'ai découvert en lui une telle maturité de jugement et de raison, qu'il pourrait bien être mûr pour le ciel. »

Les qualités physiques et intellectuelles de Fernand étaient si bien reconnues, que les Directeurs avaient coutume de le désigner pour représenter toute la

famille Apostolique dans les circonstances solennelles.
Une visite extraordinaire demandait-elle lecture d'un
compliment ou d'un morceau de déclamation, Fernand portait la parole. Si une fête de famille, ou une
séance récréative, réclamait un acteur de choix, la
voix publique désignait Fernand de préférence à ses
frères des classes plus élevées.

Par ce côté, l'Apostolique se rapprochait encore de
son Bienheureux modèle. Nous lisons, en effet, dans la
vie du Bienheureux patron des Ecoles Apostoliques, le
détail suivant : « C'était à Jean Berchmans que l'on
confiait les premiers rôles dans les essais dramatiques,
que les élèves de Notre-Dame offraient quelquefois au
public d'élite, et les applaudissements des spectateurs
justifiaient toujours ce choix. »

Pourquoi donc, avec des aptitudes naturelles distin-
guées, avec un travail si opiniâtre et si soutenu,
notre Apostolique n'est-il pas arrivé à se mettre à la
tête de son cours ? Pourquoi est-il, au contraire, resté
jusque dans les derniers temps au rang de la médio-
crité ? Les Directeurs, plus d'une fois, se posèrent ces
questions à eux-mêmes et n'eurent d'autre solution
au problème que cette réflexion : « Le doigt de Dieu
« est là, jetant dans la terre un grain de froment,
« pour en faire germer un cœur doux et humble comme
« celui du divin Modèle. »

L'Apostolique lui-même avait pénétré le secret
providentiel, lorsqu'il écrivait que le Saint-Esprit lui
avait donné une salutaire leçon, en lui reprochant
le chagrin causé par l'impossibilité d'acquérir la
science et en lui découvrant la vanité de ce désir
immodéré.

Vers la même époque, l'enfant exprimait à sa

famille sa soumission aux desseins de Dieu, en lui
annonçant qu'il ne montait pas dans sa classe, mais
qu'il se maintenait parmi les quinze premiers. Il
avait fait, de son côté, tout son possible. « La bonne
« Providence, » ajoutait-il, « qui a ses desseins, fera
« le reste. »

Cette absence de succès classiques était, pour l'adolescent, une source féconde d'humiliations. Tous ses
frères se maintenaient à la tête de leur classe respective, et faisaient honneur à l'Ecole Apostolique ; et lui-
même, si avide de donner crédit à sa mère adoptive,
se regardait comme un point noir qui défigurait le
tableau.

Le professeur de la classe, par ses notes hebdomadaires, ajoutait à l'épreuve un nouveau degré d'amertume. Dans les commencements, ne connaissant pas
suffisamment son élève, il lui arrivait de baser ses
notes sur le succès plus que sur le travail. « Un mot
« d'explication, » écrivait plus tard le professeur, « eût
« suffi pour mettre fin à cette sorte d'injustice ; mais
« ce mot, l'humble Apostolique ne le prononça jamais :
« il avait pris au sérieux le précepte de l'abnégation,
« et il le pratiquait avec un cœur généreux. »

Enfin, voilà Fernand parvenu à la classe de troisième. Les règlements de l'Ecole Apostolique autori-
sent les enfants de cette classe à se revêtir de l'uniforme ecclésiastique, à la condition expresse qu'ils
tiennent un rang honorable dans leur classe respective. A-t-on besoin de dire avec quelle ardeur Fernand soupirait après le saint habit ? Mais quelle épine
pour son cœur de se voir arrêté devant une telle barrière ! Nous verrons plus loin le bon saint Joseph
intervenir efficacement pour lever cet obstacle.

Ici trouve place un trait d'édification observé par le professeur du cours d'anglais. Laissons-le parler lui-même :

« Les deux classes, troisième et quatrième réunies,
« prenaient part à ce cours. Pour stimuler l'ardeur
« des élèves, j'eus la pensée d'organiser deux camps,
« comme il est d'usage dans les classes, afin de mettre
« les combattants en présence. Les deux meilleurs
« élèves furent désignés comme chefs de camp, et
« devaient choisir, à tour de rôle, leurs soldats indis-
« tinctement dans les deux classes. Or, il arriva que
« tous les élèves furent enrôlés, et Fernand, qui ap-
« partenait cependant à la classe supérieure, fut
« laissé le dernier. Bien plus, le nombre des combat-
« tants étant impair, l'humble Apostolique fut mis
« de côté comme soldat de nulle valeur.

« Je considérais moi-même, à distance, cette manœu-
« vre exécutée sans préméditation. Je croyais y voir
« une cruelle humiliation infligée à l'élève de troi-
« sième, qui se voyait ainsi préférer tous ses condisci-
« ples de la classe inférieure. J'aurais été peiné d'un
« tel procédé, si je n'avais vu sous ces dehors un des-
« sein providentiel.

« Je voulus suivre jusqu'au bout cette petite scène
« édifiante, et je ne perdis pas un instant de vue notre
« cher Fernand, afin de m'assurer jusqu'à quelle
« limite irait la douceur de son humilité. L'opération
« terminée, notre Apostolique, le sourire sur le visage,
« et sans donner signe d'émotion, alla modestement
« prendre place au dernier rang, à la suite de ses
« frères de la classe inférieure. Il garda cette place
« tout un trimestre, et jamais on ne surprit en lui
« signe de mécontentement ou de tristesse, mais il

« travailla sa langue anglaise avec autant d'ardeur
« et d'assiduité que s'il avait combattu aux premiers
« rangs. »

Le professeur d'anglais, étant en même temps le
guide spirituel du cher enfant, s'attendait à ce que
Fernand vînt lui révéler cette nouvelle épine, qui
avait dû blesser son cœur. Mais il n'en fit jamais mention. Son jeune cœur commençait déjà à se complaire
dans l'humiliation et ne demandait d'autre stimulant
à son activité que l'amour désintéressé du devoir.

Troisième source d'humiliations. — Nous avons
déjà fait observer que Fernand entretenait à l'extérieur de nombreuses correspondances. Les extraits
que nous avons cités dans la première partie nous
dispensent de nous étendre sur le caractère de ce commerce épistolaire. Mais des lettres si pieuses, si bien
conçues, si riches pour le fond, étaient défigurées par
d'innombrables incorrections d'orthographe et de
style, qui se renouvelaient sans cesse, malgré les
observations pressantes et réitérées des supérieurs. Cependant Fernand était si délicat à l'endroit de l'obéissance! Lui-même attachait la plus grande importance
à ce point de formation. Dans ses lettres à son cher
Emmanuel, il revenait sans cesse sur l'orthographe et
les principes de grammaire, comme étant le point
capital de sa préparation pour l'Ecole Apostolique.

Un jour, le Père directeur voit passer sous ses yeux
une lettre ainsi entachée de négligence apparente. Il
fait appeler l'enfant et lui adresse une sévère répri-
mande. « Je ne puis pas m'expliquer, cher enfant, »
lui dit-il, « votre négligence persistante, après tant de
« recommandations faites. Vos lettres vont au loin

« jeter le discrédit sur l'Ecole Apostolique. Que pen-
« ser d'un élève de troisième, ignorant jusqu'aux pre-
« miers éléments de l'orthographe et du style ? Voyez
« la lettre que vous faites passer sous mes yeux, lisez-
« la et soyez vous-même le témoin de votre impar-
« donnable négligence. »

L'humble enfant prit modestement la feuille et la
parcourut séance tenante. Et, comme si un voile
était subitement tombé de ses yeux, il aperçut à première vue ses erreurs, qu'il corrigea sur place.

L'opération terminée, sans rien perdre de son calme
et de sa douceur ordinaires, il ajouta : « Je suis vrai-
« ment surpris de trouver ces fautes dans ma lettre.
« J'ai eu, en l'écrivant, mon vocabulaire sous la main,
« le consultant dans mes doutes. J'ai ensuite relu
« mon écrit attentivement. Il me semble que j'ai fait
« tout ce que je devais. »

Cet oubli involontaire, et l'humiliation qui s'en suivit, ne seraient-ils pas une réponse à la supplique du
mois de juin : « Cœur de Jésus, je veux faire de grands
« progrès dans l'humilité. Envoyez-moi beaucoup
« d'humiliations. »

Quatrième source d'humiliations. — Ici nous
trouvons un nouveau trait de ressemblance de Fernand avec son Bienheureux modèle. Si nous voulions
faire le portrait vrai de notre Apostolique, nous repro-
duirions trait pour trait celui de Berchmans, tel qu'il
est décrit dans sa vie.

« Berchmans », est-il dit, « s'attachait tous les
« cœurs par une politesse charmante et une ravis-
« sante douceur de caractère. Son corps était bien

« proportionné et son visage gracieux ; et, tel était
« son corps, telle était l'âme qui l'habitait. »

Nous dirions volontiers : « Tel était aussi l'Aposto-
« lique Fernand et pour le corps et pour l'âme. »

« Cependant, » continue l'auteur de la vie de Berchmans, « il y eut au pensionnat de N.-D. un esprit
« mal fait, qui parut avoir de l'aversion pour lui. Il ne
« perdait aucune occasion de maltraiter le saint enfant
« quelque éloigné qu'il fût de sa part de lui en donner
« le moindre sujet. Dieu le permettait ainsi comme une
« espèce de contre-poids à l'estime générale dans la-
« quelle il était, afin de le tenir dans l'humilité et
« exercer sa patience. Berchmans souffrait ces outra-
« ges sans formuler la moindre plainte. »

On peut affirmer que notre Fernand fut encore
mieux servi que son modèle dans cette voie d'épreuve.
Il fut sans doute en grande estime, non seulement
parmi ses frères de l'École Apostolique, mais encore
auprès de ses condisciples de Tivoli. Néanmoins sa
piété exemplaire, sa bonne tenue, sa conduite irréprochable et l'éclat de ses vertus furent plus d'une fois
une prédication importune, et il lui arriva de rencontrer aussi *des esprits mal faits qui eurent pour lui
de l'aversion.*

Un des professeurs de Tivoli fournissait par écrit le
témoignage suivant déjà cité plus haut :

« Comptant sur la solidité de sa vertu, je l'avais
« placé en classe entre deux étourdis pour en faire
« un mur de séparation. Après quelque temps, je
« m'aperçus que le pauvre enfant avait à souffrir des
« tracasseries de mes deux espiègles ; mais je ne fis
« rien, afin de pouvoir admirer plus longtemps la
« patience angélique du fervent Apostolique. Il était

« beau, en effet, de le voir toujours calme, impas-
« sible, redoublant de vigilance à mesure que ses
« voisins faisaient plus d'efforts pour le distraire. »

Un des Apostoliques de la même classe fournit la note suivante :

« J'ai entendu moi-même plusieurs élèves l'appeler
« le *petit saint,* et ceux-là même qui le tracassaient
« le plus... Tous le chérissaient, même ceux qui le
« *taquinaient.* »

« Et cependant, continue le professeur de la classe,
« Fernand ne s'offensait nullement des espiègleries
« de ses jeunes camarades et les supportait sans se
« plaindre. »

Mais le Sacré-Cœur réservait à notre enfant une boisson encore plus amère que celle qui lui était servie dans les classes par quelques espiègles du collège.

Tout le monde sait que l'opprobre venant d'un frère ou d'un intime porte avec lui un raffinement d'amertume. Or la divine Providence ne dédaigna pas de faire boire son favori à cette coupe amère. Laissons parler un de ses frères de l'Ecole Apostolique :

« Celui qui écrit cette note a souvent tourné en
« dérision certaines actions de cet ange de la terre.
« Un jour, le bon Fernand s'en étant aperçu, pour
« toute vengeance il s'avança vers moi et m'invita à
« prendre part à un jeu auquel on se livre activement
« pendant l'hiver. »

« O Cœur de Jésus, je veux faire de grands progrès
« dans l'humilité ; envoyez-moi beaucoup d'humilia-
« tions. » Il est permis de croire que le Sacré-Cœur répondit généreusement à cet appel.

Arrivons à la deuxième phase de cette dernière

partie de la vie de notre Apostolique, la retraite annuelle, la dernière de sa vie. Nous constaterons le triomphe complet de la grâce dans ce jeune cœur d'apôtre.

IV

Retraite annuelle — du 24 au 29 Septembre 1876.

Conformément à un usage traditionnel, la retraite annuelle, à l'École Apostolique de Bordeaux, s'ouvre le jour de la fête de Notre-Dame de la Merci pour la Rédemption des captifs, 24 septembre, et est clôturée le 29, fête de saint Michel.

Durant quatre jours de sérieuse récollection, l'Apostolique s'efforce de réparer les pertes et les dommages causés à son âme durant dix mois d'un pénible labeur, suivis de deux autres mois d'utiles délassements. Il fait en même temps les préparatifs et les provisions nécessaires pour la nouvelle campagne, qui va s'ouvrir dans les premiers jours d'octobre.

On n'a pas de peine à concevoir de quel œil notre Fernand, sous l'influence de son guide intérieur, dut envisager cette précieuse saison de l'année Apostolique. Il y découvrait un moyen souverainement efficace pour porter le dernier coup à la nature rebelle, qu'il avait résolu de dompter à tout prix et de mettre sous les pieds, un moyen non moins efficace pour

faire un grand pas vers le Cœur de Jésus, terme de
ses plus ardents désirs.

JOURNAL DE RETRAITE

Laissons l'Apostolique lui-même nous révéler, dans
son journal de retraite, son but, les dispositions de
son âme, son règlement de vie, les opérations de la
grâce, les fruits de sa retraite.

« *Préambule de la retraite*. — O mon âme, entre
« dans cette douce solitude où tu vas parler intime-
« ment avec Dieu, et sois docile à toutes les opérations
« du Saint-Esprit, qui va renouveler la face de la
« terre.

« Le voici ce beau temps; mais il doit avoir ses
« peines, car c'est un temps d'exercice. J'oublie le
« passé, et l'avenir pour moi n'est rien. Je ne considère
« que la retraite présente, le seul moment important,
« celui qui va me sanctifier. Oui, le Seigneur veut
« faire de moi un saint, qui puisse rivaliser avec les
« plus grands saints du Ciel! O mon âme, ne sois
« point rebelle! Tiens-toi dans le plus grand silence
« et le plus grand recueillement. N'aie plus aucun
« commerce avec le monde, avec ce monde pervers
« qui ne ferait que t'éloigner de ton Jésus, et prends
« la résolution, coûte que coûte, de répondre à l'appel
« de ton bon Maître. Tiens-toi dans une prière conti-
« nuelle, élève ton cœur vers Jésus! Je baisserai les
« yeux. Je me considérerai comme seul au monde
« avec mon Dieu. Je ne penserai à personne, si ce

« n'est pour prier. Jésus, je m'abandonne à vous,
« prenez-moi! »

Fernand reconnaît sa misère et implore l'assistance divine. — « Jésus passait par les cités et les
« bourgades, guérissant les infirmes. Jésus passe dans
« cette solitude. Nous sommes aveugles; nous ne le
« voyons pas, Lui qui est toujours au milieu de nous!
« Nous accomplissons nos œuvres pour des motifs
» naturels sans songer à Lui, et Lui est toujours
« occupé de nous! O Jésus, ouvrez mes yeux!
« Nous sommes sourds à sa douce voix. Il parle à
« notre cœur et nous ne l'entendons pas! O Jésus,
« ouvrez les oreilles de mon âme!
« Nous sommes muets, nous ne savons pas prier ce
« Dieu tout aimable. Si nous articulons des paroles,
« notre âme reste muette et va même jusqu'à éprou-
« ver le dégoût. O Jésus, déliez la langue de mon
« cœur !
« Nous sommes des paralytiques, nous sommes
« morts, nous ne savons pas nous vaincre, les moin-
« dres obstacles nous rebutent. Guérissez - moi,
« ô divin Sauveur.
« O mon Dieu, délivrez-moi de toutes ces plaies !
« *Salva nos, perimus!* »

*Fernand cherche en lui-même et découvre le don de
Dieu.* — « Je n'étais rien, et tout à coup est sorti du
« néant un petit être composé d'un corps et d'une âme,
« fait à l'image de Dieu. Et ce Dieu créateur pensait
« à ce petit être de toute éternité, bien que ce dernier
« n'eût rien fait pour lui. Humilité, reconnaissance !
« Ce n'est pas tout. Ce petit être par le baptême

« acquiert un droit à un héritage céleste où il con
« templera Jésus face à face pendant toute l'éternité!
« O mon Dieu, c'est un bonheur incomparable! Jamais,
« jamais, non jamais je ne pourrai l'apprécier assez,
« m'humilier assez, vous aimer assez!

« Il y a plus encore : Jésus m'a choisi, moi pécheur,
« pour me faire son Apôtre, pour me faire convertir
« des âmes! Je suis donc son œuvre, et une œuvre
« appartient à son auteur; je suis l'instrument de ses
« miséricordes! Je ne m'appartiens donc pas, ô mon
« Dieu! Je m'abandonne à vous; je veux faire tout ce
« qui dépendra de moi pour vous aimer et vous faire
« aimer! Ne permettez jamais que je vous offense, et
« faites que je vous connaisse et que je me connaisse
« moi-même. »

Fernand travaille à dégager son âme de la rouille du péché. — L'Apostolique va placer sous nos yeux le tableau de ses défauts. C'est un compte de conscience complet. Mais nous croyons devoir le faire précéder d'une observation indispensable pour l'apprécier à sa juste valeur.

Le vertueux adolescent reconnaissait en lui-même l'existence de cette loi tyrannique de la chair et des membres, c'est-à-dire ces instincts grossiers d'une nature viciée par le péché originel, dont se plaint l'Apôtre dans son épître aux Romains, comme étant en perpétuelle révolte contre la loi de l'esprit. Mais n'oublions pas que Fernand a combattu ces instincts de la nature avec une telle fidélité et une telle constance que nul de ceux qui ont été en relation avec lui, si on excepte son père spirituel, n'eut jamais le moindre soupçon que le courageux enfant fût aux prises avec un pareil adversaire. Tous, au contraire, lui attribuaient la note : *Sortitus erat animam bonam !* Aussi nous n'hésitons pas à regarder cette victoire remportée sur la nature comme le trait le plus glorieux de cette courte vie.

TABLEAU DE MES DÉFAUTS

« *Orgueil.* — Je suis orgueilleux, j'aime à entendre « parler de moi avantageusement ou à le faire moi- « même, à m'attirer l'estime des hommes dans mes « actions. J'aime à faire des rêves de vaine gloire et « je rejette les occasions de m'humilier. »

Envie. — « Quelquefois je n'aime pas à entendre « dire du bien de mes frères, j'envie leurs qualités, je « voudrais être seul considéré. Insensé ! Rappelle-toi « donc ton origine. Qu'étais-tu, il y a vingt ans ? Rien, « le néant. Qui t'a donc donné ce que tu possèdes ? « Est-ce toi ou Dieu ? Et à ce compte, ô malheureux, « pourquoi t'enorgueillir !

« Quelquefois aussi tu aimes à parer ton corps. « Qu'est-ce donc, sinon un peu de poussière ? Et si tu « es si peu de chose, pourquoi portes-tu envie à tes « frères, toi qui devrais t'abaisser au-dessous du « dernier d'entre eux ? O mon Dieu ! ouvrez enfin mes « yeux, car jusqu'ici je n'avais point vu. Ouvrez les « oreilles de mon âme, car elles n'avaient pas entendu « votre voix.

« Pourquoi, ô Jésus, ai-je été si peu charitable « envers mes frères, mon prochain ? Pourquoi ces « emportements, ces aversions, ces amitiés naturelles ?

« Ne sont-ils pas mes frères ? Ne sont-ils pas comme
« moi rachetés par le sang de Jésus-Christ ?

« Ah ! voilà autant de gloire perdue, autant d'outra-
« ges faits au très-bon et très-doux Jésus ! Oh !
« Seigneur, ayez pitié de moi ! »

« Que de libertés n'ai-je pas données à mes sens ! Par
« suite, que de mortifications sacrifiées, mortifications
« de pure Providence, mortifications dans l'observa-
« tion de mes règles, dans l'accomplissement de mes
« actions ordinaires, dans la privation de quelques
« plaisirs, la garde de la modestie, mortifications
« enfin dans l'usage des choses permises !

« Seigneur, Seigneur ! détournez de moi votre
« colère. Je vois bien que je n'ai presque rien fait pour
« vous, qui avez tant fait pour moi ! *Miserere mei !*

« Pourquoi ai-je été si sensuel, si gourmand, recher-
« chant la qualité et l'abondance des mets, soupirant
« après leur arrivée, y prenant plaisir ? Oh ! occupation
« de la brute ! Je me mettais alors au niveau des vils
« troupeaux. Ainsi je me suis privé des douceurs de
« l'oraison. O juste châtiment de mon Dieu ! Je ne
« veux plus le mériter, mais je veux m'abandonner à
« l'action de votre grâce.

« Que de manques de patience en toute rencontre !
« Que n'ai-je imité celle que vous montrâtes quand on
« vous fit comparaître devant vos juges iniques !

« Oui, désormais c'est fini avec le monde. Je ne
« veux plus de toi ! C'est fini avec ma nature rebelle.
« Je la dompterai coûte que coûte avec l'aide de Jésus
« que je ne veux quitter jamais ! Jamais ! Mais, ô mon
« Dieu, je m'abandonne à vous et me repose sur vous
« du soin de l'accomplissement de ces bons désirs. Je
« ne suis rien . »

A la lecture de ce sombre tableau, les Apostoliques contemporains reconnaîtraient difficilement un frère qu'ils considéraient comme un modèle de mortification, de régularité, de charité fraternelle, d'innocence et de douce humilité. Le jeune soldat de Jésus-Christ sentait la révolte intérieure en germe ; mais il restait maître de la place. Il tenait l'ennemi enchaîné, et ne laissait jamais apercevoir des traces de défaite. Le Sacré-Cœur poursuivait son œuvre de miséricorde, en présentant comme vices ou défauts des inclinations naturelles déjà réduites en servitude.

Le péché mortel. — Après sa méditation sur le péché mortel, Fernand note les réflexions suivantes : « Le « même Dieu, qui châtie les réprouvés dans l'enfer, « d'une manière si effroyable, est venu me tirer « du milieu de mes désordres pour me placer dans cet « asile béni, où il a établi tous les moyens de salut « et m'y ouvre une voie aisée pour expier mes crimes « en convertissant des âmes.

« Oh ! oui, les supplices dont Dieu afflige des « pécheurs moins coupables que moi, ce que Jésus a fait « pour m'en affranchir, le bonheur que donne l'inno- « cence, le chagrin et le vide que le péché laisse dans « le cœur durant la vie, le malheur éternel du pécheur « impénitent, la félicité ineffable du juste : tout cela « est bien suffisant pour me faire porter au péché une « haine mortelle.

« Ah ! Seigneur, quand je n'aurais commis qu'un seul « péché, la vie ne serait pas assez longue pour le dé- « plorer ! Et voilà que peut-être demain, on va annon- « cer ma mort, et je ne voudrais pas accorder à mon « Dieu les derniers moments qui me restent à vivre !

« Jusqu'ici comment ai-je employé mon temps, mes
« talents et tout ce que j'avais? A vous offenser! Il est
« temps de revenir à vous.

« Pour me sanctifier, ô mon Dieu, que dois-je faire?
« Accomplir à la perfection mes actions ordinaires,
« accepter tout ce que le bon Dieu m'enverra ou
« demandera de moi. »

Confession. — Planche de salut après le naufrage.
« — Après un péché mortel, nous serions damnés; mais
« le bon Dieu dans sa miséricorde nous rachète par la
« confession sacramentelle! Aussi le démon cherche-
« t-il à m'en détourner, ou à me fermer la bouche, à
« me la rendre difficile et à me décourager.

« Mais je dois considérer que mes péchés doivent
« être dévoilés, ou bien à un prêtre dans le secret de la
« confession, ou bien au genre humain tout entier
« dans leur détail et leur étendue, au jugement dernier.
« Puis-je balancer pour le choix? Maintenant c'est à
« un Dieu bon que je m'adresse. Plus tard ce sera à un
« Dieu juste et irrité!

« Le démon cherche à me rendre la confession diffi-
« cile. Mais quoi de plus consolant que de tomber aux
« pieds de Jésus et lui dire : « O mon Père! voyez, je
« vous ai offensé en telle et telle circonstance. Je vois
« que c'est un grand malheur qui m'est arrivé. Je vous
« en demande pardon. » Oh! que le cœur est à l'aise
« après cet aveu!

« Le démon cherche à me décourager par la vue de
« mes péchés. Mais le bon Dieu a dit qu'il me pardon-
« nerait toutes les fois que je me repentirais. Ce repentir
« le démon s'efforce de l'empêcher; mais je le
« demanderai à Jésus et il me l'accordera. »

L'enfer. — « Allez, maudits, au feu éternel!... »
« Je m'approche quelques instants de l'enfer pour y voir
« la place certaine que mes péchés ont méritée, la
« place que j'y occuperai certainement, si j'ai le mal-
« heur de mourir en péché mortel. Et je serai sur le
« bord de cet abîme jusqu'à mon dernier soupir! Dire
« que je puis tomber dans le péché à tout instant!
« Comment serais-je tranquille? Comment, ô mon
« Dieu, pourrais-je m'endormir le péché dans le cœur?

« Toujours séparé de Dieu! Toujours maudit! Tou-
« jours en proie au cruel remords! Toujours les oreilles
« remplies des cris et des malédictions des réprouvés
« que j'aurai peut-être moi-même précipités dans ce
« feu vengeur et qui me reprocheront mes crimes! C'est
« tout cela que je souffrirai. Oui, tout cela, ô mon
« Dieu, et vous êtes juste!!!

« Désormais, pour éviter le péché, je me rappel-
« lerai sans cesse mes fins dernières. »

Tentation. — « Dans la tentation, je suis faible
« parfois et je ne sais pas résister au démon. La cause
« véritable est que je n'aime pas assez le bon Dieu,
« que je ne pense pas assez aux grandes vérités, à
« l'enfer, à la mort, à la laideur du péché, aux terribles
« jugements de Dieu.

« Je dois fuir les occasions avec énergie. Si cela est
« impossible, je dois prier, prier même en travaillant.
« Il suffit d'élever le cœur à Dieu, et le travail est une
« prière.

« Après le péché, le démon me décourage, me fait
« désespérer de la divine miséricorde, et me jette dans
« le trouble. Je ne dois pas écouter ces suggestions,

« mais m'humilier, et m'étonner de n'être pas descendu
« plus bas.

« Enfin, le démon cherche à me fermer la bouche en
« confession. Oh! il faut bien me garder d'un tel
« sacrilège! »

Nourriture spirituelle. — Fernand reconnaît pour
son âme, comme pour son corps, la nécessité d'une
double qualité de nourriture, l'une ordinaire et quotidienne, l'autre extraordinaire et moins fréquente, le
festin de la semaine. C'est *la prière* et la *sainte Communion.*

« Trois modes de prière. 1° On peut prier en travail-
« lant, en s'amusant, et même en dormant. Il suffit
« que le cœur veille et reste levé à Dieu. 2° *Prière*
« *vocale*. Elle doit être lente, solennelle et digne. Dieu,
« le Roi du ciel et de la terre, à qui nous parlons, ne
« doit pas en perdre une seule syllabe. 3° *Prière men-*
« *tale*, très bonne pour mes moments de loisir. Pour-
« quoi ne m'en servirais-je pas pour élever mon cœur
« et le fixer en Dieu? Saint Louis de Gonzague aimait
« tant cet exercice! Je dois toujours faire les médita-
« tions avec un grand soin. »

Le festin ou la sainte Communion. — « La Com-
« munion, c'est la table où Notre-Seigneur nous fait
« asseoir. Et que nous donne-t-il en nourriture? Lui-
« même. Notre cœur devient sa demeure et son taber-
« nacle. C'est une faveur que les anges doivent nous
« envier, la plus grande, la plus noble de toutes nos
« actions. Saint Louis consacrait trois jours à sa pré-
« paration pour ce festin hebdomadaire. Je dois y
« penser souvent pour me bien disposer. Le jour de la

« sainte Communion doit être un jour de joyeuse fête
« et de recueillement. Nulle parole tant soit peu con-
« traire à la charité ne doit être surprise sur mes
« lèvres. Ce sera la joie et le calme de l'innocence. Ce
« jour, je dois être plus au ciel que sur la terre. Pen-
« dant la sainte Messe, lorsque le moment de la Com-
« munion approche, que mon recueillement devienne
« plus profond et mes prières plus ferventes. Enfin,
« après la sainte Communion, insister sur l'action de
« grâces. Le bon Dieu l'aime tant ! »

« *La chute de saint Pierre* » inspire à Fernand des
pensées salutaires d'humilité, de défiance de lui-même
et de confiance en Dieu :

« Jésus l'avait averti : « Cette nuit même, tu me
« renieras trois fois avant le chant du coq ! » L'apôtre
avait répondu avec assurance : « Maître, je ne vous
« renierai pas, alors même que je devrais mourir avec
« vous. »

« Pierre se promet à lui-même de suivre Jésus partout.
« Ce désir était bon ; mais l'apôtre n'avait pas assez
« calculé avec sa faiblesse, et comptait trop sur ses
« propres forces. Jésus est saisi, et Pierre le suit de
« loin. Sa ferveur s'est ralentie, et il commence à être
« seul. Il se mêle aux domestiques et aux ennemis de
« Jésus ; il a complètement perdu de vue son divin
« Maître et est livré à ses seules forces, c'est-à-dire à
« sa faiblesse. Il renie son Maître, affirme trois fois,
« avec protestation et jurement, qu'il ne l'a jamais
« connu. Mais quelques moments après, un seul regard
« du doux Jésus vient lui porter lumière et vie. Pierre,
« brisé par la douleur, sort immédiatement pleurant

« son crime, et ses larmes ne cesseront pas de couler
« le reste de sa vie.

« Mon Dieu, comme saint Pierre, moi aussi j'ai été
« présomptueux au jour de la ferveur; mais le feu
« s'étant ralenti, je vous ai oublié. Désormais, j'aurai
« moins de confiance en moi-même. »

Le bon et le mauvais esprit ; Dieu et le démon. —
« Le démon sur une chaire de feu! C'est l'orgueil. Il
« ne nous apparaît jamais avec sa laideur. Il ne nous
« attaque point lui-même; mais il nous envoie d'au-
« tres démons moins méchants que lui, ou même des
« hommes, des condisciples qu'il a déjà séduits, et
« dont il se sert pour nous tromper.

« Sa tactique est toujours la même, sous mille for-
« mes différentes. — *L'orgueil :* Tu es supérieur à tel
« ou tel de tes condisciples. — *Amour des créatures :*
« Voyons-nous quelque chose qui nous plaît, il nous
« le fait désirer. Avons-nous peu? Il nous fait vouloir
« davantage. Jamais contents, toujours préoccupés
« des vanités du monde. — *Sensualité.* Il nous sug-
« gère des pensées impures, des sentiments contraires
« à la sainte vertu de pureté, nous pousse à l'immo-
« destie, aux amitiés sensuelles, et laisse toujours le
« cœur vide.

« Le bon Dieu, au contraire, c'est l'humilité de Na-
« zareth, c'est l'abjection, c'est l'obéissance et la sim-
« plicité, c'est l'étable de Bethléem. »

Pressentiment d'une fin prochaine. — A la fin de
sa retraite, l'Apostolique est sous l'impression d'un
sentiment instinctif que la fin de sa vie n'est pas éloignée. C'est sans doute la voix intime de son guide
intérieur qui lui donne cet avertissement. Sous l'in-

fluence de cette pensée, Fernand va se tracer un mémorial de retraite, dans lequel il coordonnera ses actes vers une préparation immédiate à la mort.

Résolutions pour la retraite de 1876. — « Je crois
« que cette retraite m'aura fait un grand bien. Il est
« très important que je prenne les moyens d'en con-
« server les fruits jusqu'à ma mort. Ma mort, est-elle
« bien éloignée? 4,000 enfants meurent chaque jour.
« C'est-à-dire qu'à la fin de cette année, je dois être
« prêt à mourir. Qui sait s'il n'y a pas longtemps que
« j'aurais dû mourir? Qui sait aussi si le bon Dieu n'a
« pas attendu que je sois bien en règle avec lui pour
« me prendre? Je veux être à peu près sûr que je
« mourrai cette année. Si cela arrive, tant mieux; si
« cela n'arrive pas, tant mieux. Je ne veux pas y met-
« tre d'amour-propre. Le moment de ma mort m'im-
« porte peu. Ce qui m'importe, c'est de mourir en état
« de grâce et en Apôtre.
« Pour que mes résolutions soient bonnes, il faut
« qu'elles soient *humbles*, rien sans le secours de
« Dieu, *énergiques, soumises à la direction, persévé-
« rantes.*

« I. *Mes prières.* — La prière, premier élément de la
« vie chrétienne, surtout de la vie apostolique. Elles
« doivent être humbles, sans distractions, bien arti-
« culées.
« II. *Oraison mentale.* — Je tâcherai de la faire
« aussi bien que possible. J'aurai un petit cahier où
« chaque jour je ferai en sorte de noter mes plus vives
« impressions, mes résolutions et le bouquet spiri-
« tuel.

« III. *La confession.* — Je ferai bien mon examen.
« Je résisterai aux tentations de découragement, de
« fausse honte, me rappelant et relisant ce qui a été
« dit pendant la retraite.

« IV. *L'humilité,* vertu si essentielle à un Aposto-
« lique. Je m'efforcerai de l'acquérir par l'humiliation.
« Je méditerai quelquefois les deux étendards.

« V. *Chasteté.* — Je m'efforcerai de fuir tout ce qui
« blesse de près ou de loin cette belle vertu. Je lirai
« dans Rodriguez son traité de l'examen. Il y a un
« passage, où il fait l'énumération des cas qui peuvent
« la blesser. J'éviterai surtout la sensualité, et l'immo-
« destie des yeux et de la tenue.

« VI. *La pauvreté.* — L'attachement aux biens de la
« terre est la cause d'un grand nombre de fautes et de
« péchés. Je l'éviterai.

« VII. *La charité.* — Elle peut être blessée par les
« paroles, par la médisance, et la paresse à rendre ser-
« vice au prochain. Je lirai encore dans Rodriguez
« ce qu'il dit sur ce sujet dans le traité de l'examen.

« VIII. *Les paroles légères et mensonges petits ou
« grands.* — Je les éviterai avec un grand soin.

« IX. *De l'obéissance aux supérieurs, et de l'abandon
« au bon Dieu.* — Je serai soumis à mes supérieurs,
« ouvert avec eux, avec mon Père spirituel surtout.
« Je m'efforcerai de me conformer en tout à la volonté
« de Dieu, par la soumission à mes supérieurs et à ma
« règle.

« X. *Grande résolution.* — Pour assurer la pratique
« fidèle de mes résolutions : 1º Chaque vendredi je ferai
« la sainte Communion, en me conformant à l'obéis-
« sance, et, dans la journée, je serai plus recueilli. S'il
« est possible, je ferai le Chemin de la Croix, ou une

« visite plus longue au Saint-Sacrement. Je passerai
« en revue ma semaine, corrigeant ce qui serait à
« corriger, et méditant quelqu'une des grandes vérités ;
« 2° chaque mois, un jour particulier (je m'entendrai
« avec mon directeur), je ferai la même chose que le
« vendredi, mais plus en grand, toujours dans la voie
« de l'obéissance ; 3° chaque jour, je me dirai à moi-
« même : Voyons, ne sera-ce pas bientôt mon tour de
« paraître devant le bon Dieu ? Et, faisant comme si
« j'étais sûr de mourir avant ma prochaine retraite,
« et cela d'un moment à l'autre, je me tiendrai prêt.
« Je pourrai dire une petite prière à l'intention de la
« bonne mort.

« Pour l'accomplissement des résolutions que je
« viens de me tracer rapidement, je me confie en la
« miséricorde de Dieu qui fortifie. — Si je tombe quel-
« quefois, et sûrement je tomberai, à moins qu'une
« grâce particulière ne me soutienne, je me relèverai,
« m'humiliant, et, fort dans l'humilité, je marcherai
« avec une entière confiance *en Celui qui fortifie.*

« Jésus ! Marie ! Joseph ! Regardez-moi. »

Fernand a-t-il suivi la ligne de conduite qu'il vient
de se tracer, durant les six mois qui précédèrent la
grave infirmité qui le conduisit au tombeau ? — Lui-
même va nous le dire. Un jour, au pied de son lit de
douleur, le P. Spirituel eut la pensée de choisir, comme
sujet de lecture pieuse, le mémorial de la dernière retraite. Après lecture, il adressait au malade la question
suivante : « Mon Fernand, avez-vous ponctuellement
« observé tout ce que vous vous êtes prescrit dans
« ce papier ? » — Il me semble, » répondit l'enfant,
avec simplicité, « que j'ai tout observé, sauf peut-être

« la recollection du mois, que je n'ai pas pu faire
« comme je l'avais désiré, à cause des travaux de
« classe. »

V

L'habit ecclésiastique.

La prise d'habit ecclésiastique est considérée par un Apostolique, comme un événement de la plus haute importance. C'est son premier pas vers le sacerdoce. Il envisage l'habit sacré comme l'uniforme glorieux qui l'enrôle officiellement dans la milice de Jésus-Christ.

Fernand reçut l'habit ecclésiastique sur son lit de douleur, quatre mois avant le trépas. Les circonstances providentielles, qui accompagnèrent la pieuse cérémonie, nous montrèrent assez clairement que le Sacré-Cœur de Jésus parait une victime pour le sacrifice.

La règle concernant la prise d'habit ecclésiastique est ainsi conçue : « Ceux des élèves qui auront mérité
« le degré de congréganiste formé, après avoir donné
« de solides garanties de persévérance, pourront, avec
« l'agrément du Supérieur, être admis à l'honneur de
« revêtir le saint habit ecclésiastique, pourvu qu'ils
« soient au moins en troisième, qu'ils aient une

« taille convenable, et occupent un rang honorable
« dans la classe. »

Le glorieux Pontife Pie IX, entre autres précieux
encouragements donnés à l'œuvre naissante des
Écoles Apostoliques, a bien voulu faire ressortir
l'importance de cette pratique, en y attachant une
indulgence plénière en faveur du candidat qui se revêt,
pour la première fois de l'habit ecclésiastique.

Dès l'âge de dix ans, le bienheureux patron des
Écoles Apostoliques, sentait en lui-même un ardent
désir de porter le saint habit, et nous lisons dans sa
vie le détail édifiant qui suit :

« Le jeune Berchmans avait observé que les élèves
« du Pensionnat de Notre-Dame de Diest portaient l'u-
« niforme ecclésiastique. Participer lui-même à cette
« haute dignité était le plus puissant motif qui le
« faisait soupirer après son entrée dans ce Pensionnat.
« Un jour, son père, voulant donner à son enfant un
« témoignage de satisfaction pour les bons rensei-
« gnements qu'il recevait sur sa conduite et son
« application à l'étude, lui adressa la question sui-
« vante : Quelle récompense désires-tu, mon fils, pour
« ta conduite et ton application? — Vous le savez,
« mon père, répondit l'enfant, je n'en désire point
« d'autre que de porter l'habit ecclésiastique, et
« d'entrer au Pensionnat de Notre-Dame. »

Le cœur de Fernand, comme celui de son modèle,
battait de joie à la pensée que lui aussi porterait un
jour l'uniforme du soldat de Jésus-Christ. Dès le mois
de décembre 1875, il traduisait ainsi ses aspirations
dans une lettre à sa famille :

« Voilà la fête de l'Immaculée-Conception. Je
« compte bien que vous allez obtenir pour moi, de la

« Sainte Vierge, que je devienne un bon Apostolique
« par l'obéissance. Nous aurons, ce jour-là, une belle
« cérémonie. Cinq de nos frères auront le bonheur de
« se revêtir de la soutane. Quand pourrai-je la prendre
« moi-même ? Je ne le sais pas ; mais j'ai grand besoin
« de grandir en vertu. Il faudra bien que la Sainte
« Vierge me convertisse, afin que je la prenne le plus
« tôt possible. C'est une faveur que je désire ardem-
« ment. »

Six mois après, Fernand revient sur le même sujet :
« Le jour de Pâques, l'un d'entre nous a pris le saint
« habit. Il ne m'a été donné encore à moi-même, que
« de le désirer, ce saint habit. J'espère que bientôt
« Dieu réalisera mon désir. »

Au commencement de l'année scolaire 1876-77,
Fernand entre dans la classe de 3°, est promu au degré
de Congréganiste formé depuis février, il a la taille
qui convient. Mais voici un obstacle sérieux, en
apparence insurmontable : Occupera-t-il dans sa classe
le rang honorable qui est demandé pour participer à
la faveur ? Nous l'avons entendu naguère annoncer à
sa famille qu'il n'a pas monté dans sa classe, et qu'il
se maintient à peine dans la première quinzaine.

L'Apostolique avait envisagé cette sérieuse difficulté
plusieurs mois à l'avance. Durant sa maladie, il s'en
ouvrit confidentiellement à celui de ses frères qui
était chargé du soin des malades. Celui-ci révéla la
confidence après sa mort dans la note suivante :

« Notre cher malade me dit un jour que lorsqu'on
« lui avait annoncé qu'il pouvait aspirer à se revêtir
« de l'habit ecclésiastique aux prochaines fêtes de
« Pâques, il avait fait réflexion que, jusqu'à ce
« moment, il n'avait pas été assez heureux dans les

« compositions hebdomadaires pour avoir droit à la
« faveur. Mais il ajoutait qu'aussitôt ses regards
« s'étaient tournés vers saint Joseph, et il l'avait tant
« prié que, dans la suite, il fut toujours rangé dans
« le premier quart de la classe. »

Et, en effet, quelle ne fut pas la surprise des supérieurs aux approches de la fête, lorsque, consultant
les registres des résultats classiques, ils constatèrent
que Fernand figurait huitième pour l'excellence sur
une liste de quarante élèves. Il est hors de doute que
saint Joseph avait entendu les ardents désirs de son
cher enfant, et lui assurait un droit incontestable à la
faveur tant désirée.

L'appel de Fernand à la prise d'habit détermina
une note spéciale, que nous avons déjà citée dans
le journal intime. Elle porte la date, 11 mars 1877.
L'enfant ressentait déjà les premiers symptômes de la
grave maladie qui nous l'enleva.

« Il ne faut pas, » écrit-il, « que je considère ma
« prise de soutane comme une pure formalité, mais
« plutôt comme une faveur insigne du Sacré-Cœur
« qui m'impose de très douces obligations. Je vais
« porter l'uniforme de soldat de Jésus-Christ ; je
« dois donc devenir un valeureux champion de
« Jésus. »

Fernand se hâte d'annoncer à sa famille la nouvelle
de la prochaine vêture.

« Cette lettre, » écrit-il, « vous apporte une douce
« nouvelle, bien consolante, probablement inattendue.
« Dans quelques jours, j'aurai opposé au monde une
« barrière de plus et serai plus véritablement soldat
« de Jésus-Christ. »

Après une gracieuse description du beau jour de sa

première communion, il continue : « Si votre regard
« avait su plonger dans l'avenir et y contempler les
« merveilleuses attentions de la Providence à mon
« égard, vous auriez cru peut-être faire un rêve. »

« Mais n'anticipons pas, et hâtons-nous de donner le
« mot de l'énigme, car ma mère l'attend avec impa-
« tience. Eh bien ! dans quarante jours, j'aurai revêtu
« le saint habit ecclésiastique. Le 15 février, le
« P. Directeur me faisait appeler, pour m'annoncer
« l'heureuse nouvelle. C'est à peine si je pouvais
« croire à mon bonheur. Au moment où je quittais sa
« chambre, il laissa tomber cette parole : Il ne vous
« reste plus qu'à imiter Stanislas ! Ce mot fit sur moi
« une grande impression. Priez donc beaucoup, afin
« que je réalise ce souhait. Accordez-moi tous les
« jours de la semaine sainte un Souvenez-vous à la
« prière du soir et une invocation au Sacré-Cœur. Je
« désire que vous veniez assister à la prise d'habit. »

Vers la même époque, Fernand écrivait pour le
même objet à son oncle, Jésuite, à Toulouse.

« Aujourd'hui, je ne saurais mieux vous intéresser
« qu'en vous annonçant ce que j'appelle *ma bonne*
« *nouvelle*. Voilà bientôt trois ans passés à l'Ecole
« Apostolique, et je n'ai jamais regretté les oignons
« d'Egypte. Dieu soit béni ! J'espère qu'il voudra bien
« m'accorder la grâce de marcher toujours dans la
« voie si douce qu'il m'a tracée. Durant mon séjour
« dans cet asile bien-aimé, je vous ai successivement
« annoncé ma consécration d'Apostolique, mon admis-
« sion dans la Congrégation ; mais il me restait encore
« quelque chose de meilleur à vous annoncer. Vous
« ne le devineriez pas, si je ne vous le disais !

« A Pâques, je dois revêtir... devinez quoi !... Le

« saint habit ecclésiastique. Ce n'est pas tout; il a
« été convenu que je demanderais au R. P. Provincial
« de vous laisser venir, s'il est possible, pour accom-
« plir la cérémonie. Voilà *ma bonne nouvelle;* je l'ai
« bien qualifiée. D'ici là aidez-moi par vos prières,
« à me préparer dignement à cette faveur. »

Comme l'avenir paraît joyeux et souriant! Quelle
gracieuse fête! Quelle douce consolation en ce beau
jour! Hélas! La réalité ne répondra pas aux espérances. Le bon Dieu avait d'autres desseins. Il veut
que ce jeune cœur ne batte que pour lui, et il va le
mortifier jusque dans ses affections les plus chères et
les plus légitimes. Mais, hâtons-nous de dire que la
divine Providence ne surprit pas son enfant. Fernand
tenait son cœur prêt à toute éventualité, comme
il le montre dans la lettre suivante du 1er mars 1877:

« Chers parents, vous me dites d'écrire au R. P.
« Provincial, le priant de laisser venir le P. N... pour
« la cérémonie. Vous étiez loin de soupçonner que
« nous avions eu ici la même pensée. Le R. R. Pro-
« vincial devant passer par Bordeaux, il est convenu
« que je lui soumettrai la demande. S'il accorde la
« faveur (ce dont je ne doute presque pas), ce sera le
« P. N... qui fera la cérémonie de la vêture. Je ne
« manquerai pas de faire observer au Révérend Père,
« que vous serez heureux de couvrir les frais de
« voyage. Toutefois, si la douce Providence en dis-
« pose autrement, soumettons-nous d'avance et de
« très grand cœur. Nul n'y perdra. Dieu connaît nos
« besoins mieux que nous. »

« De plus, j'ai communiqué au Père Directeur votre
« projet d'amener Emmanuel. Il m'a répondu que ce
« serait fort bien. Emmanuel, en effet, pourra se faire

« une idée plus juste de l'École. La vue d'une prise
« d'habit pourra enflammer son zèle, et on aura le
« temps de le mieux examiner. Puis, ayant vu Bor-
« deaux une première fois, quand il viendra à l'École
« Apostolique, le désir de la nouveauté ne viendra
« pas autant se mêler à des motifs plus nobles. Mais
« ne lui annoncez rien de certain. Dites-lui seule-
« ment que son voyage dépendra de sa conduite. »

Voilà tout réglé à la grande satisfaction de tous.
La cérémonie aura lieu le lundi de Pâques, présidée
par l'oncle Jésuite. — La mère et le filleul assisteront
à la joyeuse fête. Tout va au mieux, lorsque tout
à coup des circonstances imprévues viennent renverser tous ces beaux plans.

Son Eminence, le Cardinal Archevêque de Bordeaux,
désire présider la petite fête en personne. Il est nécessaire que Fernand fasse le sacrifice de recevoir le
saint habit des mains de son cher oncle. De plus, Son
Éminence, dans son itinéraire de la saison, ne peut
disposer que du lundi de *Quasimodo*. Or, la veille de
ce même jour, madame Garrigue se trouve retenue
impérieusement à la maison par la première communion de son troisième fils, Emmeric, et le jour
suivant par la confirmation d'Emmanuel.

Fernand se hâte d'annoncer ces contre-temps.

« Mes chers parents, encore un contre-temps (si
« on pouvait nommer ainsi les dispositions saintes de
« la divine Providence). Un contre-temps, dis-je,
« vient déranger nos projets. Je vous avais annoncé
« la prise d'habit pour le lundi de Pâques. Mais ne
« voilà-t-il pas que, sans aucune prévision possible de
« notre part, la cérémonie a dû être renvoyée au lundi
« suivant. Son Éminence le Cardinal doit présider, et

« Elle a fixé ce jour, le seul disponible dans son
« itinéraire de la saison. Or, le dimanche de Quasi-
« modo, Emmeric fera sa première communion, et le
« jour suivant, Emmanuel recevra la confirmation :
« voilà des obstacles sérieux à votre voyage. —
« Cependant je dois vous dire que la cérémonie n'aura
« lieu qu'à cinq heures du soir. Il semble que, par-
« tant dans la nuit du dimanche, vous seriez ici,
« avant l'heure fixée. Je désire grandement que quel-
« qu'un de la famille soit présent. Le P. N... pourra-
« t-il venir ? Espérons et prions. »

Grâce à ces dispositions, Mme Garrigue pourra prendre part à la fête. On lui fait espérer que Son Éminence voudra bien confirmer son cher Emmanuel, à la
suite de la cérémonie de la vêture. Elle arriva, en effet,
à l'heure marquée. Mais quelle déception ! L'enfant
visité quelques jours auparavant par l'infirmité a vu
ses forces diminuer graduellement, et le jour de la
solennité, il est cloué à son lit de douleur. C'est là
que la pauvre mère va embrasser son cher Fernand.
L'entrevue fut douloureuse et fit couler bien des larmes. Mais les deux cœurs restèrent soumis et rési-
gnés au bon plaisir de Dieu.

Quelques instants après, la cérémonie commençait.
De son lit de douleur, le pauvre malade entendait les
chants joyeux de ses frères et s'unissait de cœur.
Laissons un des Apostoliques présents nous dire lui-
même ses propres impressions :

« Enfin, nous sommes au pied de l'autel ! Notre
« modeste sanctuaire est paré comme aux plus beaux
« jours de fête. Nos Bienfaiteurs et Bienfaitrices rem-
« plissent l'enceinte. Quatre noms sont proclamés.
« Le quatrième candidat, hélas ! ne répond pas, il est
« absent. Merveilleux secrets de la Providence, vous

« demeurez impénétrables à nos sens ! Le pauvre
« enfant est cloué à son lit de douleur, tandis que ses
« trois frères plus heureux, prononcent devant l'autel,
« leur serment de fidélité à Notre-Seigneur. Son Émi-
« nence, après avoir béni le saint habit, le dépose
« dans les bras des trois candidats présents. Le qua-
« trième, que nous appellerons la victime du Cœur de
« Jésus, reçoit aussi le sien, mais sur le lit de douleur,
« par l'entremise d'une mère en pleurs. Lui, surtout,
« dira avec vérité le *Dominus pars hœreditatis*
« *mei et calicis mei.* Il boit déjà à ce calice et y boira
« jusqu'à épuisement. »

Quelque temps après, un autre Apostolique écrivant
à sa famille, revenait sur le même sujet :

« A l'École Apostolique, nous avons aussi une vic-
« time. Un de nos frères, élève de troisième, prit le
« saint habit ecclésiastique à Pâques. Le pauvre
« enfant était sur son lit de douleur, pendant que
« Son Eminence, le Cardinal de Bordeaux, accomplis-
« sait la cérémonie dans notre chapelle. Après la béné-
« diction, la mère en larmes fut obligée de le sou-
« tenir et l'aider à se revêtir pour la première fois de
« la soutane. Depuis la semaine sainte, le cher
« malade est à l'infirmerie, son poumon droit a pres-
« que entièrement disparu. Son père et sa mère
« sont à côté de lui. Cet enfant a été un ange par sa
« piété, son obéissance et sa fidélité aux moindres
« détails de sa règle. Notre perte sera grande. Il nous
« représentait Berchmans, patron des Apostoliques. »

Voilà donc le pieux enfant revêtu à l'intérieur et à
l'extérieur des livrées de Jésus-Christ. Dans le chapitre suivant, nous allons voir le Sacré-Cœur achevant
son œuvre, en faisant passser la victime par le creuset
des souffrances.

CHAPITRE II

Maladie et mort édifiante de Fernand.

« Cœur de Jésus ! je veux me perfectionner dans le
« détachement des choses de la terre ; envoyez-moi
« des souffrances, beaucoup de mortifications. »

Nous venons de voir la bonne Providence, pendant
dix mois consécutifs, servir l'humiliation et l'opprobre au jeune candidat Apostolique, pour répondre à
son désir ardent de reproduire la douce humilité du
Cœur de Jésus.

Voici maintenant le généreux enfant au pied de la
redoutable montagne, qu'il doit gravir à la suite de
son divin Maître, en face d'une pesante croix qu'il
accepte et place sur ses épaules avec son hilarité
accoutumée. Il la portera jusqu'à son dernier soupir,
sans donner un signe de défaillance.

*Règle de l'École Apostolique pour le temps de la
maladie.* — « Si Dieu les visite par la maladie, ils
« supporteront avec résignation les ennuis de leur
« état, et auront soin de se montrer obéissants envers
« les infirmiers en tout ce qui regarde leur office, et
« d'édifier par leur patience tous ceux qui les visite-
« ront. »

Fidèle imitateur du modèle qu'il a choisi, Fernand ne s'écartera pas un moment de cette ligne de conduite, durant les quatre mois qui vont le préparer au trépas.

La maladie de Fernand fut un apostolat fécond. La divine Providence, en effet, appela autour de son lit de douleur, à toutes les époques, nombre de témoins dignes de foi, pour constater et révéler ensuite les exemples de patience, de résignation et de franche gaieté, qu'il ne cessait de donner. On pourrait dire avec vérité que ce lit de douleur fut comme une chaire de prédication, de laquelle le Sacré-Cœur disait à toute la jeune communauté : « Regardez et voyez comment un Apostolique doit souffrir et mourir. »

I

Première phase de la maladie. — Epreuves physiques.

Dans la première quinzaine de mars, Fernand ressentit un léger refroidissement, qui se manifesta par une toux modérée. Pour satisfaire aux exigences de la règle, l'enfant avertit les supérieurs de son indisposition. On était à l'époque des examens du semestre, et il n'aurait voulu à aucun prix se dispenser de payer son modeste tribut. Il se crut autorisé à ne tenir aucun compte, dans la pratique, de son indisposition, et continua à suivre la vie commune avec son énergie ordinaire.

Mais, peu de jours après, la toux redoubla, accompagnée de douleurs dans le poumon droit. Les supérieurs ordonnèrent le repos complet, et assujettirent le malade à un régime spécial ; mais le mal suivit son cours.

Première visite du médecin. — Le docteur, après un sérieux examen, décida qu'il fallait dégager le poumon par des moyens énergiques, des vésicatoires sur le siege de la douleur. Toutefois, il n'apercevait aucun symptôme de gravité dans la maladie.

L'Apostolique entendit cette ordonnance sans donner signe d'émotion, et subit le traitement avec une douceur inaltérable, et une expression sensible de joie, peinte sur sa physionomie.

Deuxième visite du docteur. — Le premier traitement n'apporta aucune amélioration notable. Mêmes symptômes extérieurs, toux violente, redoublement de douleur dans le poumon droit. Le docteur, mandé une seconde fois, constate que le poumon est dans le même état et ordonne le même traitement dans de plus larges proportions. On couvrira de vésicatoires toute la partie en souffrance. Mais le docteur persiste dans son affirmation, que le mal est sans gravité.

Ce redoutable message n'apporta aucun nuage dans l'âme du patient. Il a traité cette grave affaire dans l'intime du Cœur de Jésus et il n'a fait aucune réserve. Fernand subit ce nouveau traitement avec la même douceur, la même résignation et la même gaieté que le premier. Cependant, toute cette partie de son corps ne présente qu'une large plaie, qui couvre tout le côté droit, et s'étend jusqu'à l'épine dorsale.

Troisième visite du docteur. — Dans sa troisième visite, le docteur constate que le poumon n'est pas encore dégagé, et prescrit la continuation du même traitement. Et afin d'accélérer l'action du remède, il ordonne des frictions journalières de teinture d'iode sur la plaie.

Ce liquide, répandu sur la chair vive, produisait des douleurs cuisantes, que le pauvre enfant supportait avec une admirable résignation.

A cette occasion, un de ses condisciples, écrivant à sa famille, appréciait ainsi les dispositions du malade : « On fait de lui tout ce qu'on veut. On l'a écorché par « des vésicatoires, on le tourne dans tous les sens ; « pas un mot de murmure ou de plainte, pas un mou- « vement qu'on puisse prendre pour un signe d'im- « patience. »

Ce traitement durait depuis un mois, et le médecin n'apercevait encore aucun symptôme de gravité dans la maladie.

Qu'il nous soit permis de faire ici mention d'un fait que nous appellerons *une attention providentielle*, sans vouloir lui attribuer, dans le moindre degré, un caractère merveilleux. Il ne sort pas, en effet, des voies ordinaires de cette douce Providence, toujours attentive au bien de ceux qui l'aiment, et se confient en elle.

C'était le vendredi qui précédait la fête du Patronage de saint Joseph. Le Père spirituel du collége de Tivoli adressait une exhortation spirituelle à la communauté. Les directeurs de l'École Apostolique étaient présents à l'exercice. — Il avait choisi, pour texte de son allocution, cette parole du premier Joseph à ses frères : *Jam nunc experimentum vestri capiam.* Voici le mo-

ment de faire sur vous un expériment. Et il réclamait
Benjamin auprès de lui. — Cette première parole alla
droit au cœur des directeurs de l'École Apostolique.
Ils y virent un avertissement du Ciel à leur adresse
spéciale. Et deux jours après, la même parole servit
de texte à l'exhortation qu'ils adressaient, à leur tour,
à la jeune famille, pour la disposer de loin au sacrifice.
Afin que l'avertissement fût encore plus clair, il arriva
que l'un des directeurs, réfléchissant au pied du tabernacle sur le cher malade, crut entendre distinctement
cette parole : « Je demande une victime ! » Cette
insinuation fut amère sans doute, mais elle fut accep-
tée sans hésitation.

II

Deuxième phase de la maladie. — Épreuves morales.

Malgré les assurances réitérées du médecin, les
Supérieurs n'étaient pas sans appréhension sur la
nature d'un mal, qui résistait même à l'action de
remèdes si énergiques. Le 26 avril, le docteur fut
instamment prié de faire une inspection plus attentive
de notre cher malade.

Hélas ! cette fois la science a complètement changé
de langage.

— « La maladie a pris un autre caractère, dit le doc-

« teur. Le poumon droit est fortement attaqué. Nous
« avons tous les symptômes d'un cas de *phtisie galo-*
« *pante*. La maladie est mortelle de sa nature. »

On comprend tout ce que cet arrêt de mort eut
d'amer pour toute la jeune famille. Mais le condamné
lui-même va nous donner l'exemple d'une soumission
entière aux dispositions de la Providence.

Après le départ du docteur, le P. Directeur allait
trouver le malade.

— « Savez-vous, mon Fernand, » lui dit-il, « que
« notre docteur estime que votre maladie est grave?
« Vous-même, qu'en pensez-vous? »

A ces mots, le visage de l'enfant pirt un air de
douce gaieté, et le sourire sur les lèvres, il répondit
sans émotion :

— « Mon père, cette décision ne me surprend pas.
« Combien de fois, dans le courant de l'année, ne nous
« avez-vous pas avertis que nous devons un tribut à la
« mort? « Les autres Écoles Apostoliques, » nous disiez-
« vous, « ont payé le leur; mais celle de Bordeaux,
« qui est la plus jeune, doit encore le sien. » Eh bien,
« j'ai pris cet avertissement pour moi, et me suis tenu
« dans la disposition de quelqu'un qui doit mourir
« dans le courant de l'année présente. Vous pouvez
« vous en assurer en lisant mes résolutions de retraite,
« qui sont là, sur la commode, dans un vieux carnet. »

Le P. Directeur, en effet, lut sur place le mémorial
de retraite, rapporté au chapitre précédent, et il lui fût
aisé de se convaincre que tels étaient les sentiments
de l'enfant.

Fernand portait dans son cœur sa maxime favorite :
« Il faut se soumettre aux dispositions de la Provi-
« dence, soit qu'elle caresse, soit qu'elle châtie. » Aussi

l'arrêt du médecin n'apporta aucune altération dans sa franche gaieté. Nul n'aperçut sur son visage le moindre vestige de tristesse. Le sacrifice fut accepté sans réserve.

Cependant, notre Apostolique, à l'exemple de saint Ignace et de tant d'autres saints, n'eût pas demandé mieux que de continuer à vivre dans l'exil pour travailler à la gloire de Dieu.

— « La science humaine », disait-il à son confident, « est à bout de ressources, tant mieux ! Cependant il « n'est pas encore temps de mourir, puisque je n'ai « rien fait pour expier mes infidélités et pour procurer « la gloire de Dieu. Allons demander au Ciel ce que la « terre ne peut pas nous donner. Saint Ignace est un « médecin d'un ordre supérieur, et l'eau dite de Saint-« Ignace est une médecine efficace. Mettons-nous à « ce régime. Commençons une neuvaine aujourd'hui, « 26 avril. Saint Joseph nous aidera à l'occasion du « Patronage. »

L'enfant ajoutait une particularité, mais il voulait qu'elle restât dans le secret. Afin de se concilier plus efficacement la bienveillance de son céleste médecin, il avait conçu le dessein de s'engager par vœu à devenir un jour enfant de saint Ignace dans la Compagnie de Jésus, si, à la fin de la neuvaine, il était jugé hors de danger.

Fernand formula ainsi son vœu :

« O saint Ignace ! si je suis guéri à la fin de cette « neuvaine, je m'engage par vœu à être un de vos « enfants, en entrant dans la Compagnie de Jésus, « autant que la chose dépendra de moi.

« 29 avril 1877, octave du Patronage de saint « Joseph.   « FERNAND GARRIGUE *(Apostolique)*. »

La neuvaine terminée fut loin d'apporter le résultat désiré. La Providence, au contraire, préparait au docile enfant des épreuves d'un genre nouveau. Voici le cœur maternel qui vient enfoncer un glaive dans l'âme de son cher enfant, quoique bien involontairement.

Mme Garrigue écrivait :

« Permettez-moi, mon Révérend Père, de vous com« muniquer un désir, si toutefois sa réalisation n'est
« pas en opposition avec le bon plaisir de Dieu. Nous
« pensons que l'air natal serait favorable à cette chère
« santé. Aussi nous demanderions à prendre, pour un
« temps, auprès de nous, le petit Apostolique, si cela
« n'est pas contraire à vos règlements. Il resterait
« avec nous le temps que vous voudriez bien lui accor-
« der. Son âme ne serait pas en danger, je crois. Si je
« pouvais supposer le contraire, je ne le voudrais à la
« maison à aucun prix... Mais quel que soit notre
« désir, mon Révérend Père, nous vous laissons juge
« unique dans cette affaire. Nous n'avons qu'un des-
« sein : travailler au rétablissement de cette pauvre
« santé, si la divine Providence la juge utile à sa
« gloire. Nous avons donné notre enfant au bon Dieu,
« et nous sommes loin de nous en repentir. Nous ne
« voulons en ceci, comme en tout, qu'accomplir la
« volonté du Seigneur. »

M. Garrigue vient à la suite appuyer par de solides raisons la demande de la mère :

« Ici, » écrivait M. Garrigue, « tout le monde connaît
« la maladie de Fernand, comme si on l'avait publiée
« au son de la trompette. Mais on est loin de connaître
« la nature et les exigences d'une Ecole Apostolique.
« De là résulte un étonnement et un murmure uni-

« versels, de ce que l'enfant n'est pas autorisé à ren-
« trer à la maison, même dans un cas de maladie
« grave. Si un accident survenait, nous pourrions
« nous attendre à un blâme public, même de la part
« de notre parenté. Nous en voyons les symptômes.

« Nous voulons sans doute tout ce que le bon Dieu
« voudra; mais nous nous sentons bien peu cou-
« rageux devant le sacrifice, qu'il va peut-être nous
« demander. J'avoue, mon Père, que celui-là nous
« coûterait énormément. Mais si nous sommes par
« trop indignes d'un tel fils, il nous faudra bien
« prendre notre cœur à deux mains, et nous soumettre
« le mieux que nous pourrons aux desseins de la
« Providence. Dieu est maître de ne pas laisser plus
« longtemps sur la terre cet ange, pour être notre
« compagnon d'exil. Je comprends que là-haut il
« pourra être aussi utile et même davantage; mais la
« nature si rebelle ne se laisse pas dompter si vite,
« et semble prendre le dessus. »

Les vœux des parents sont clairement formulés.
Fernand est l'aîné d'une nombreuse famille. Son
séjour à la maison paternelle exercera la plus heureuse influence sur ses frères plus jeunes. Le changement de climat, l'air natal, les soins maternels seront
peut-être des moyens assez efficaces pour enrayer une
maladie mortelle de sa nature. Enfin, ce retour à la
maison donnera satisfaction au public irrité.

D'autre part, les visites subséquentes du docteur ne
font que confirmer son premier jugement. La pres-
cription invariable est qu'il faut sans retard rendre
le malade au climat natal.

Mais le Père Directeur, connaissant tout ce qu'une
telle sentence aurait de cruelle amertume pour le

malade, resta plusieurs jours sans lui en faire l'ouverture. L'affaire lui parut même si grave, qu'il crut devoir soumettre le cas à la décision du R. P. Recteur de Tivoli. Celui-ci se rangea sans hésitation à l'avis du médecin, et décida qu'il fallait donner satisfaction à la famille, en sacrifiant les goûts particuliers du malade.

L'ordre du Ciel était on ne peut plus manifeste. Le P. Directeur donne immédiatement avis à la famille que l'enfant est autorisé à rentrer à la maison paternelle.

Mais aussitôt après avoir confié à la poste ce fatal message, le Père se rend auprès de l'enfant pour le disposer de loin au sacrifice. « Mon Fernand, lui dit-il, « ne pensez-vous pas qu'un changement d'air et de « climat, la joie de revoir votre famille après une si « longue absence, enfin les soins d'une mère aimante « comme la vôtre, vous feraient du bien, et pourraient « amener un retour de force et de santé ? » — « La « chose est possible, » répondit l'enfant légèrement ému, « mais combien de temps me laisseriez-vous à « la maison ? » — « Si après un mois vous êtes suf- « fisamment remis, je vous rappellerai. » — « Mais si « après ce temps, je ne suis pas guéri, que ferez- « vous ? » — « Dans ce cas, mon enfant, vous prolon- « geriez votre séjour à la maison tout un trimestre, « ou six mois, ou même une année entière. » — « Et « après une année, si j'étais dans le même état ? » — « Alors, mon cher Fernand, » reprit le Père, « nous « aurions un signe assez manifeste que la divine Pro- « vidence vous appelle dans une autre voie. »

A ce mot, le dialogue était fini. Deux fontaines de larmes, tombant des yeux du cher enfant, mouillèrent sa poitrine. Il était inconsolable. Le P. Directeur, ému lui-même à la vue de cette scène attendrissante, lui dit : « Ne vous affligez pas, mon petit enfant, je « reviens sur ma décision, et je m'engage à faire tout « ce qui sera possible pour vous retenir au milieu de « nous. Vous ne partirez pas. » Il va à l'instant contremander l'information donnée à la famille par la note suivante datée du même jour : « Un obstacle imprévu « s'oppose au voyage de Fernand. Attendez un nou- « vel avertissement. »

Le cas fut référé au jugement du R. P. Provincial, et la demande était ainsi motivée :

« Le docteur, après mûre délibération, est d'avis « que la maladie est mortelle de sa nature, et il pense « que l'influence de l'air natal pourrait apporter au « malade quelque soulagement. — Mais, d'autre part, « ce généreux enfant s'est montré, pendant trois ans, « Apostolique modèle ; et, en ce moment, sous l'action « d'un mal qui fait tomber son corps en dissolution, « il est pour tous un sujet de grande édification. Les « soins assidus que demande son traitement, et le « surcroît de sacrifices qu'il impose, sont regardés « comme une faveur céleste, plutôt que comme une « charge onéreuse.

« La divine Providence semblerait préparer à la « jeune communauté dans ce pieux élève un modèle « d'Apostolique, à la vie et à la mort. Nous regrette- « rions d'être privés des exemples de vertu que le « jeune malade promet de nous donner jusqu'à son « dernier soupir. Il nous léguerait ses dépouilles « mortelles comme souvenir permanent de sa sain- « teté. — Enfin, et ce dernier motif est celui qui agit « le plus efficacement sur notre cœur, Fernand éprouve

« une répugnance invincible à se séparer de sa chère
« Ecole Apostolique. La seule déclaration, qu'on vient
« de lui en faire, lui a fait verser un torrent de
« larmes. Faut-il lui imposer ce sacrifice ? »

Peu de jours après, le R. P. Provincial faisait répondre par l'oncle même de Fernand : « Que le saint
« nom du Seigneur soit béni dans tous ses desseins!
« Il est le Maître. A nous d'obéir! J'ai vu le R. P. Pro-
« vincial. Puisque le séjour au pays natal ne peut pas
« refaire une santé, que la science déclare humaine-
« ment irréparable, son avis est que Fernand reste à
« l'Ecole. Il pourra y procurer davantage la gloire de
« Dieu. La famille n'opposera aucune difficulté, et
« trouvera une plus solide consolation dans la mort
« de cet enfant à l'Ecole qu'auprès d'elle. »

La cause était gagnée. — Un moment de triomphe
pour le cœur si aimant de l'Apostolique. La nouvelle
fut également un triomphe pour toute la jeune famille,
que cette séparation aurait vivement attristée.

Mais à la maison paternelle, quelles mortelles
angoisses! Une lettre de Bordeaux autorisait le
départ immédiat. Et une note du même jour contre-
mandait le premier message sans autre explication!
A la suite, silence complet plusieurs jours durant!

Aussitôt que Fernand a connu la solution du problème, il se hâte de rassurer la famille, lui laissant
entrevoir en termes délicats et légèrement voilés les
vraies inclinations de son cœur. — « Chers parents,
« vous parlez de mon retour à la maison. J'ai bien
« goûté vos raisons. Mais suis-je en état de réaliser
« vos espérances?... Quoi qu'il en soit, je suis résigné
« à obéir au premier ordre de mon supérieur, malgré
« mon attachement à cette Ecole. »

L'enfant laissait au supérieur le soin de dévoiler la vérité à la famille dans tout son jour. Celui-ci, en effet, apostilla ainsi la lettre de Fernand :

« Je veux bien que ce cher enfant réponde à vos
« désirs bien légitimes, en retournant auprès de vous.
« Mais il faut bien que vous sachiez que le jour où on
« lui dira de quitter la chère Ecole, pour retourner à
« la maison, on lui imposera le plus grand des sacri-
« fices. Ce n'est pas certes qu'il ait perdu l'amour de
« la famille ; vous savez avec quelle tendresse il vous
« aime. Mais il s'est formé dans ce jeune cœur un
« lien nouveau, qui le fixe à sa famille adoptive. Il y
« a peu de jours, je crus devoir lui faire l'ouverture
« de votre projet. Le pauvre enfant en versa un tor-
« rent de larmes. Afin de ne pas l'affecter davantage,
« je promis de ne plus lui parler de cette affaire, et de
« le garder jusqu'à la fin auprès de nous. Les derniers
« mots de sa lettre vous révèlent les sentiments de
« votre enfant : « Je suis *résigné*, vous dit-il, à obéir.
« Le mot résigné vous dit qu'un acte d'obéissance, en
« ce point, lui imposerait un sacrifice. Je vous engage
« donc, encore une fois, à laisser agir la bonne
« Providence. »

La famille Garrigue, profondément ancrée dans les principes de la foi chrétienne, pénétra tout le sens de cette insinuation. Non-seulement elle ne fut pas offensée de l'attachement cordial de son enfant à l'École Apostolique, mais encore elle y trouva une consolation surhumaine, qui lui fit accepter le sacrifice avec une vive joie.

Mais la miséricordieuse Providence, qui ouvre la blessure, tient en main le baume salutaire qui la cicatrise. Fernand vient de préférer aux joies de la famille le voisinage plus immédiat du Cœur de Jésus à l'École Apostolique. Et le Cœur de Jésus, de son côté, détachera de la famille sa tendre mère et la fixera à son lit de douleur. Pendant deux mois, Mme Garrigue prodiguera ses soins maternels à son enfant, avec un dévouement infatigable. Elle attirera auprès de lui successivement le père et ses frères plus jeunes.

Tous viendront s'instruire et s'édifier au contact de ce cher infirme.

Il est beau sans doute de voir un jeune apôtre de quinze ans, insensible à toutes les sollicitations de la nature, préférer une mort imminente à l'École Apostolique, à un prolongement probable de vie, au sein de la famille ; nouveau témoignage de l'esprit de foi qui dominait cette belle âme. Nous apercevons toutefois un excès dans cet attachement, tout légitime qu'il est en lui-même. Le Sacré-Cœur du bon Maître sut trouver un moyen plein de douceur, pour dévoiler à son enfant cette imperfection.

A la même époque, l'infirmerie de l'École Aposto lique logeait deux autres malades. Fernand, dans sa correspondance, les appelait joyeusement ses *deux compagnons d'infortune,* avec lesquels il passait d'agréables moments. L'un d'eux fut aussi condamné par le docteur à rentrer dans sa famille, et la sentence fut exécutée. Lui aussi versa d'abondantes larmes, en se séparant de l'École Apostolique ; mais il dut se soumettre aux ordres de l'obéissance. La divine Providence avait sur lui d'autres desseins. Peu de jours après son arrivée à la maison, il écrivait :

« Voilà trois jours écoulés depuis mon arrivée, et « ma santé ne s'améliore pas. Mais puisque la volonté « du Seigneur est que je vive éloigné de l'École Apos-

« tolique et de mes chers frères, j'en suis très-content
« et je l'en remercie.

« Toutefois, je vous demande bien instamment de
« prier et de faire prier pour moi, car maintenant
« dans le monde j'ai besoin plus que jamais de prières,
« et de prières comme celles des Apostoliques.

« J'ai commencé à établir dans ma famille l'Apos-
« tolat de la prière, et l'on fera comme à l'École,
« c'est-à-dire que le soir on notera les actions offertes
« dans la journée, et le vendredi on offrira le tout au
« Sacré-Cœur.

« J'observe, autant que possible, mon règlement.
« Dans mes conversations je tâche de parler de la
« Sainte Vierge, de Notre-Seigneur, et aussi de
« l'École. Tous les soirs, nous faisons la prière en
« commun, et moi ou mes sœurs lisons quelque chose
« sur la Sainte Vierge dans un livre intitulé : *Le mois*
« *de Marie de Notre-Dame de Lourdes*.

« En finissant, laissez-moi vous demander de faire
« prier les Apostoliques mes frères pour la conversion
« d'un parent peu religieux, dont la conduite n'est
« pas bonne, et de vouloir bien me donner des
« conseils pour ce que je dois faire dans le monde. »

Cette lettre fut regardée comme un message du Ciel
à l'adresse de Fernand. Aussitôt après l'avoir parcourue, le R. P. Directeur allait en donner lecture au
malade, et il ajoutait par voie d'éclaircissement :

« Vous venez d'entendre, mon cher enfant, une
« voix du Ciel à votre adresse. En saisissez-vous le
« sens? Le Sacré-Cœur vous dit par ce message que
« votre frère, plus jeune que vous, moins avancé dans
« les classes, vous a cependant dépassé en vertu et en
« perfection. La voix de Dieu se fit entendre, lui

« ordonnant de quitter ce qu'il avait de plus cher au
« monde. Il se sépara sans hésiter, et le voilà au sein
« de sa famille, remplissant les fonctions d'Apôtre du
« Cœur de Jésus, récompense accordée à un sacrifice
« généreusement accepté. Et vous? Votre amour
« excessif pour l'École Apostolique vous a retenu
« captif! »

Fernand, couvert de confusion, inclina la tête et
répondit modestement :

« Ce que vous dites est vrai, mon Père. Mais je veux
« me corriger et ne faire désormais aucune opposition.
« Traitez-moi comme vous voudrez. »

Et en effet, par cet acte spontané, l'enfant s'établis-
sait dans un état permanent d'indifférence, se tenant
disposé à se séparer de l'École, pour rentrer dans le
monde, au premier signal de l'obéissance.

On le voit, la divine Providence semblait avoir pris
à tâche d'effacer de cette belle âme jusqu'à un simple
vestige d'affection désordonnée aux choses de la
terre.

AUTRE ÉPREUVE PROVIDENTIELLE

A la première épreuve en succéda une seconde qui
ouvrit, comme la première, une large blessure dans
le cœur de notre Apostolique.

Vers cette même époque, le 20 mai, la Reine des
Apôtres ménageait à sa jeune famille une vraie partie
de plaisir, pour la dédommager sans doute des amertumes du moment.

Le compte-rendu annuel rapportait le fait dans les
termes suivants : « L'année qui vient de s'écouler a été

« pour la Famille Apostolique un temps de fortes épreu-
« ves ; mais, nous devons ajouter, qu'à côté de l'amer-
« tume, la bonne Providence sut nous ménager de
« douces consolations. Semblable à la plus tendre des
« mères, d'une main elle tenait la verge qui éprouve, et
« de l'autre elle prodiguait les caresses à ses petits
« Apôtres. C'est ainsi qu'à l'époque même de nos plus
« grandes afflictions, elle dirigeait notre pèlerinage
« annuel vers la Grotte miraculeuse de Lourdes. Cette
« faveur était ardemment désirée depuis l'origine
« même de l'Ecole ; mais la réalisation de ce pieux
« désir ne demandait rien moins qu'un petit miracle.
« Cette année, la Reine des Apôtres avait résolu de
« donner à sa petite famille un témoignage excep-
« tionnel d'amour. Elle mettra elle-même la main à
« l'œuvre pour aplanir des difficultés insurmontables
« en apparence, et, durant plusieurs jours, semblera
« mettre ses industries à nous faire avancer de sur-
« prise en surprise. »

Un pèlerinage de toute la Famille Apostolique à
la grotte de Lourdes, quelle nouveauté ! Fernand a
déjà retrouvé un mieux notable qui lui permet de quitter son lit, et même sa chambre, et de faire sa petite
promenade dans l'enclos de Tivoli. Tous les autres
malades sont autorisés à prendre part à la pieuse
expédition. Lui-même ne peut manquer d'être admis
dans la joyeuse caravane. Notre-Dame, qui prodigue
ses faveurs au pied de la grotte, saura réaliser un
miracle, s'il le faut. Fernand se livre à ses rêves délicieux. Les supérieurs entrent pleinement dans ses
vues et se nourrissent des mêmes espérances.

Cependant la prudence demandait l'intervention du
docteur. Pour se mettre à couvert de toute responsa-

bilité, le Père Directeur écrivait un mot à ce dernier, demandant si le cher malade pouvait, sans grave inconvénient, supporter ce voyage. Le docteur renvoya la feuille avec cette note significative : *Souveraine imprudence !*

L'ordre du Ciel était on ne peut plus formel. — Fernand était irrévocablement condamné à ensevelir tous ses rêves de bonheur et d'espérance. Seul de la famille, il gardera la maison durant deux longues journées, que prendra le pèlerinage. Il n'opposera pas un seul mot de plainte, de réplique et d'insistance même. Il se contentera de tracer sur un papier, d'une main tremblante, la supplique suivante, qu'il confiera à la caravane pour être déposée au pied de la grotte :

« Notre-Dame de Lourdes, ma très-tendre Mère, con« damné par la volonté de votre divin Fils à ne pas « aller vous visiter dans votre sanctuaire béni, je me « soumets aux desseins du Ciel par amour pour vous.

« Bonne et douce Mère, que pourriez-vous refuser à « vos enfants de choix ? Rien. Mais, dans votre misé« ricordieuse tendresse, vous refusez quelquefois d'ac« céder à des demandes indiscrètes. Soyez juge des « grâces que je demande et daignez m'exaucer :

« I. Guérison du corps, pour travailler à la gloire « de Dieu dans la suite, comme Missionnaire Aposto« lique. — II. *Grande pureté d'âme, de corps et « d'esprit !* En retour, je m'engage à vous aimer de « plus en plus, et à vous témoigner mon amour, en « disant mes prières avec plus de ferveur.

« Votre enfant, FERNAND G. »

Quatre jours après, le malade envoyait à sa famille l'information suivante : « Me voilà donc, grâce à saint

« Ignace et à la Sainte Famille, hors du lit pour les
« journées entières. Dimanche dernier, 20 mai, sur le
« soir, toute la communauté se mettait en marche vers
« Lourdes. Mais je restais à la maison, sous la garde
« du Frère, qui fait le service, et qui sort lui-même de
« maladie. J'ai une entière confiance que Marie, de
« son sanctuaire, m'aura envoyé des grâces en abon-
« dance, car les Apostoliques, avec leur charité frater-
« nelle, l'ont bien priée pour moi.

« Je me lève depuis quinze jours. Je fais un petit
« tour au beau soleil, fort rare ici : toujours des nua-
« ges. »

Troisième épreuve providentielle. — Pour ce jeune
cœur, avide de souffrance, une croix succédait à l'autre. Le voici arrivé à la première quinzaine de juin, et
le Sacré-Cœur de Jésus venait lui présenter son bouquet de myrrhe. Son confident intime, qui était en
même temps son premier infirmier, fut obligé de faire
une absence de deux semaines. Cette séparation fut
une épreuve de part et d'autre, et pour le père et pour
l'enfant, car l'affection était tendre et réciproque dans
les deux cœurs.

Deux jours après le départ, Fernand adressait le
billet suivant à son père bien-aimé :

« Quand je suis remonté dans ma chambre, après
« vous avoir vu partir, je suis rentré triste : mon père
« partait, quoi d'étonnant? Je suis allé voir les mala-
« des pour les égayer, et m'égayer avec eux. Nous
« avons dîné ensemble, et nous avons parlé de vous.
« On me faisait bisquer, quand on me disait que cette
« parole, échappée de votre bouche : *Si je reviens,*
« les mettait sens dessus dessous. Ils ont peur de ne

« pas vous revoir. Moi, je compte sur votre retour,
« qui nous apportera les richesses du Sacré-Cœur.

« *P.-S.* — Le pauvre H. M... est tout à fait contrarié
« de ne pouvoir pas vous écrire. Il vous prie de tenir
« compte de sa bonne volonté, et d'agréer l'assurance
« qu'il ne vous oublie pas. »

Ce dernier était un des deux *compagnons d'infortune* mentionnés plus haut. Mais, deux jours après, le même H. M... écrit, pour faire connaître l'état des malades :

« Garrigue, notre cher Garrigue, va toujours à peu
« près de même. Il tousse beaucoup, pendant la nuit
« surtout, ce qui le gêne extrêmement, car il ne peut
« pas dormir, mais il est toujours bien content et bien
« gai. Il est presque toujours à l'infirmerie, et ses
« conversations sont très divertisssantes. Il a une foule
« de petits traits, plus ou moins comiques, et il nous
« les raconte, avec une naïveté et une grâce qui char-
« ment. Avant-hier, il nous disait des choses si drôles,
« que le Père Sous-Directeur, qui travaillait à côté, ne
« put pas tenir son sérieux. Ainsi, vous le voyez,
« mon Révérend Père, notre cher Garrigue conserve
« toujours la paix et la joie du cœur, malgré ses
« grandes souffrances ; car je le vois, et je puis dire
« qu'il souffre beaucoup, surtout lorsqu'il tousse. Il
» fut d'abord un peu triste, après votre départ, mais
« cela n'a pas duré. Sa gaîté habituelle a eu bientôt
« repris le dessus. Il vous écrira prochainement.
« Aujourd'hui, il ne le peut pas, car sa mère vient
« d'arriver pour le voir. Pauvre mère ! Elle pleure sans
« cesse. Elle a bien regretté de ne pas vous trouver à
« l'Ecole. »

Ces chers malades savaient combien leur père, à

distance, était désireux d'avoir de leurs nouvelles fréquemment et en détail. Voici de nouveau le tour de Fernand :

« Votre lettre a porté joie et consolation dans la
« famille, avec l'espérance de votre prochain retour,
« après la clôture de vos réunions, lesquelles, nous
« l'espérons avec grand plaisir, tourneront au profit
« de notre chère Ecole. Les détails, que vous nous
« donnez sur votre journée à Poitiers, nous ont vive-
« ment intéressés. Cependant, vous trouvez que nous
« sommes plus timides que nos frères poitevins. Vous
« ne me mettez pas au nombre des timides, j'espère ?
« Ne suis-je pas entièrement libre avec mon Père
« Directeur ? H. M... va mieux. Pour mon compte, je
« suis toujours le même. J'espère beaucoup de saint
« Louis de Gonzague. »

Sous ces dehors, nous voyons le cœur de l'Apostolique infirme débordant de joie au milieu de ses souffrances physiques et morales, et, sous l'impulsion d'un mouvement de charité fraternelle, appliquant ses petites industries à faire passer cette joie et ce bonheur dans l'âme de ses frères, soumis aux mêmes épreuves.

III

Consolations providentielles de Fernand durant sa maladie.

A côté de l'épreuve, nous dit saint Paul, Dieu place le secours efficace pour nous la rendre salutaire. *Faciet cum tentatione procentum.* Il fait davantage.

Lorsque le Cœur tout miséricordieux du bon Maître daigne faire participer, dans une mesure plus qu'ordinaire, à son calice d'amertume, une de ces âmes généreuses, qui a résolu de se revêtir de sa robe et de porter ses livrées, Il lui fait goûter, dans l'intime du cœur, des joies secrètes, dont le monde n'a aucune expérience. C'est que personne n'est plus père que Dieu, *Nemo tam pater quam Deus.* Disons mieux encore : Personne n'est plus mère que Dieu. Il y a, en effet, dans l'affection que le bon Dieu porte à ses enfants, une tendresse, dont les signes amoureux ne peuvent découler que d'un cœur maternel. Ce paragraphe va nous montrer que si Dieu tend à ses fins avec force, il sait tempérer cette force avec une telle suavité, qu'il fait dire à ses serviteurs : *Votre joug, Seigneur, est suave, et votre fardeau léger.*

Première consolation : Paix intérieure. — La première et la plus suave des consolations, dont le cœur de Fernand fut favorisé durant cette période d'infirmités et de souffrances, fut secrète et intime, connue seulement de son confident spirituel, bien qu'elle eût à l'extérieur son rayonnement naturel. Cette voix secrète, dont nous avons parlé plusieurs fois, qui, pendant plus de deux ans, mettait la conscience du pieux enfant à une sorte de torture, en ne lui montrant que poussière, imperfection et péchés dans tous les détails de son innocente vie, cessa de se faire entendre dès les premiers jours de sa maladie, et laissa l'enfant en jouissance d'une paix intérieure, qui surpassait tout sentiment. Il ne demandera plus à faire des confessions supplémentaires : celle de la semaine sera suffisante, et il l'accomplira avec un calme parfait. Fernand, dans la suite, révéla à son directeur qu'il estimait cette paix intérieure de l'âme, comme la plus grande grâce reçue du Sacré-Cœur durant sa longue maladie. — Nous venons de dire que cette faveur intime eut au dehors son rayonnement naturel : ce fut cette douce gaieté, cette résignation entière au bon plaisir de Dieu, cette paix inaltérable, que nous l'avons vu conserver invariablement sous l'action des douleurs les plus aiguës, et au milieu de toutes ses épreuves.

Deuxième consolation : la Sainte Communion. — La seconde consolation dont Fernand fut favorisé furent les visites fréquentes que lui fit le Seigneur dans son lit de douleur. Durant la première période de la maladie, le pieux enfant ne voulut rien perdre de l'usage de faire la sainte Communion, le vendredi et le dimanche de chaque semaine. Bientôt après, la faim et la soif étant plus vives, le Sacré-Cœur accéda au désir du malade, et vint le visiter tous les deux jours. Enfin, le fervent Apostolique désira mieux encore, et fut admis à la Communion quotidienne. Le festin eucharistique, devenu si fréquent, ne fut pas seulement un remède efficace aux défaillances de l'âme. Mme Garrigue, placée au chevet du malade, suivant tous ses mouvements avec une sollicitude de mère, avait observé avec admiration, que la sainte Communion apportait toujours à l'angélique enfant un sensible soulagement à ses douleurs physiques.

La toux violente, qui déchirait son poumon droit, lui faisait une nécessité de prendre de temps en temps quelque boisson, pendant la nuit, mais il voulait avoir à côté de lui un réveil marquant les heures, afin de n'être pas exposé à rompre le jeûne requis pour la sainte Communion. Dans les derniers jours de sa maladie, il chargeait ceux de ses frères qui veillaient autour de lui, de l'avertir fidèlement à l'heure précise de minuit. A partir de ce moment, il refusait toute boisson. Il aurait été confus que son Père spirituel s'assujettît à lui porter la sainte Communion avant l'heure accoutumée.

Il arriva une nuit que l'Apostolique, qui veillait auprès du malade, oublia la consigne, et le pauvre enfant fut privé de la sainte Communion le jour suivant. Plus tard, le même Apostolique, coupable de cet oubli involontaire, disait combien il avait été touché et édifié de la douce résignation avec laquelle Fernand avait reçu ce fâcheux contre-temps : « Une fois, » écrit-il, « ayant obtenu, après de vives instances, la « permission de veiller une nuit auprès de Fernand, « je fus touché de la résignation avec laquelle il apprit, « le matin, qu'il ne pourrait pas communier. C'était « un vendredi. Par un effet de ma maladresse, j'avais « manqué de l'avertir de ne pas boire après minuit. « Alors, » dit-il sans donner signe d'émotion, « ce « sera pour demain, en l'honneur de la Très-Sainte « Vierge. » Telle fut sa réponse. »

Troisième consolation : Madame Garrigue au service du malade. — Il est permis de voir un nouveau témoignage des délicates attentions de la Providence envers cet enfant, dans les soins tendrement maternels dont Mme Garrigue vint entourer son bien-aimé Fernand, pendant deux mois, à l'Ecole Apostolique.

Nous l'avons dit plus haut, Mme Garrigue, en apprenant l'invincible répugnance de son enfant à se séparer de sa chère Ecole, n'hésita pas elle-même à quitter sa nombreuse famille, à faire trêve aux exigences d'un commerce qui la faisait subsister, pour venir se faire la très-humble servante de notre cher malade. Elle aurait voulu, si on le lui avait permis, être au pied du lit de douleur le jour et la nuit. Elle ne se séparera de son enfant, qu'après lui avoir fermé les yeux, et avoir accompagné ses restes inanimés à leur dernière demeure.

Plusieurs fois, cette courageuse mère voulut se retirer par discrétion. Un lien puissant la retenait sans doute à l'Ecole Apostolique, mais une pensée préoccupait vivement son esprit : « Pour rien au « monde, » disait-elle, « je ne voudrais, par ma pré- « sence, priver mon Fernand du moindre degré de « gloire et de bonheur dans le ciel. »

Les supérieurs n'eurent pas de peine à rassurer ce cœur maternel, en rappelant l'exemple de la Mère de douleur au pied de la croix.

Mme Garrigue, par sa piété, sa douceur, son infatigable dévouement, fut l'ange gardien visible de Fernand pendant les deux derniers mois de sa longue maladie.

Le pieux enfant avait à côté de lui un autre secours providentiel, qui n'était pas moins apprécié. C'était son infirmier, son confident intime, le dépositaire de tous ses secrets, dont il n'était séparé, le jour et la nuit, que par une légère cloison. Il n'y avait entre le père et l'enfant qu'un cœur et qu'une âme. Lorsque la maladie eut épuisé ses forces, jusqu'à ne pas lui permettre de se donner à lui-même les soins les plus indispensables, il eût éprouvé une répugnance extrême à accepter le secours de sa vertueuse mère. L'infirmier seul avait le privilège de se faire l'instrument du Sacré-Cœur auprès de ce jeune prédestiné.

Enfin la bonne Providence semblait se complaire à ménager au malade, en toute occasion, de gracieuses visites qui lui apportaient joie, édification et bonheur.

Quatrième consolation. : Un avant-goût de la vie Apostolique. — La neuvaine à saint Ignace, dont nous avons parlé plus haut, avait apporté un mieux sensible dans l'état du malade. Ce mieux fut même pris pour une convalescence ; mais la suite montra que le mal intérieur gardait toute son intensité.

Dans un entretien joyeux, le Père Spirituel faisant allusion au vœu mentionné plus haut, dit à l'enfant : « Eh bien, mon Fernand, saint Ignace, selon toute « apparence, a rempli sa tâche. Vous voilà donc « Jésuite en herbe. Aussi, je vais immédiatement « m'occuper à vous faire une destination conforme à « vos aspirations. Vous ne savez pas la pensée qui « m'est venue à l'esprit ? Dans une ville de la mission « du Maduré, que je connais particulièrement, appelée « Négapatam, se trouve une nombreuse chrétienté, à « laquelle je porte un très-vif intérêt. En ce moment « on s'occupe à ériger dans cette ville un superbe « sanctuaire, qui sera dédié à Notre-Dame de Lourdes. « Pour des raisons personnelles, j'ai moi-même une « grande part dans l'érection de ce monument à « la gloire de l'Immaculée-Conception. Dès aujour- « d'hui, je vous institue curé présomptif de cette « future Église, et de cette nombreuse chrétienté. « Entendez bien vos obligations, et commencez dès « aujourd'hui à vous préoccuper du troupeau, dont « vous serez un jour le pasteur réel. »

Fernand ne fut pas à l'abri d'une illusion assez commune chez les malades atteints de la même infirmité. Il savait que son mal était sans remède, et ses poumons, tombant en dissolution, ne pouvaient laisser place à un doute. Mais jusqu'à ses derniers moments il demanda et espéra un miracle. Il prit donc au sérieux les paroles de son Père spirituel, et commença à se nourrir de la pensée que la mission du Maduré, et en particulier la ville de Négapatam, seraient un jour le théâtre de ses travaux apostoliques. Il aimait à se voir déjà par la pensée installé dans le beau sanctuaire de N.-D. de Lourdes. C'est ainsi que la douce Providence semblait entretenir ce jeune cœur dans de beaux rêves de zèle apostolique.

Le dévouement de Fernand, à l'égard de sa future chrétienté, ne resta pas purement spéculatif. Lorsque son père vint le visiter, il lui demanda, comme grande faveur, de vouloir bien lui acheter une douzaine de tableaux représentant la grotte de l'Apparition, et en même temps une provision de chapelets, et autres objets de piété pour ses chrétiens de Négapatam. — Le digne père ne savait rien refuser à son cher enfant, et s'empressa de lui faire les emplettes désirées. Fernand de son côté mettait en réserve, pour la même fin, les nombreux petits cadeaux que les visiteurs lui apportaient journellement. Il fit si bien par ses industries, qu'avant la fin de ses jours, il eut la consolation de faire directement un envoi assez bien assorti. Mais le jeune apôtre avait un cadeau d'une plus grande valeur, qu'il ne manquait pas de transmettre chaque jour, c'étaient ses désirs ardents, ses ferventes prières, le sacrifice de sa vie.

Cinquième consolation : le Livre des Règles. — Les attentions de la divine Providence à l'égard de ce jeune prédestiné allèrent encore plus loin. Elle sembla faire mouvoir au loin des ressorts secrets, pour répondre aux aspirations intimes de notre malade.

Nous avons déjà fait observer que le Sacré-Cœur de Jésus, accédant aux vœux que la jeune famille lui avait adressés au commencement de juin, nous traçait, dans cet enfant, une copie fidèle de notre glorieux Patron. Or, le Bienheureux Jean Berchmans rendait son dernier soupir, serrant dans ses mains trois précieux objets, qu'il regardait comme sa fortune, le Chapelet, le Crucifix et le livre des Règles, et faisait entendre cette parole mémorable : *Cum his tribus libenter moriar*. Avec ces trois objets, je mourrai volontiers.

Le jour de sa consécration d'Apostolique, Fernand avait demandé « de mourir, comme Berchmans, en « baisant son Crucifix, son Chapelet et son livre des « Règles, objets qu'il aura appris à estimer et à chérir « à l'École Apostolique. »

Les deux premiers de ces précieux objets sont entre ses mains. Il possède également le troisième, mais à l'état de manuscrit, tracé de sa propre main, et son cœur n'est pas satisfait; il lui semble que la ressemblance n'est pas complète. Nous allons voir la divine Providence, par des voies merveilleuses, condescendre à ce que nous pourrions appeler une fantaisie enfantine.

Les Pères Directeurs des Écoles Apostoliques de France et de Belgique étaient convoqués pour une réunion générale, dans le sanctuaire provisoire de Montmartre, le 15 juin de cette même année. Ce fut la circonstance qui motiva l'absence du Directeur de Bordeaux, dont il a été fait mention.

Fernand avait eu comme un pressentiment que cette réunion ne serait pas sans profit, lorsqu'il écrivait : « Moi, je compte sur votre retour, qui apportera les richesses du Sacré-Cœur. »

Pendant les quatre jours que dura la réunion, les Pères Directeurs s'occupèrent principalement à élaborer le recueil des Règles, jusqu'alors en usage, et à leur donner la dernière forme. Au terme de leurs travaux, ils avaient la douce consolation de cimenter l'union fraternelle entre les différentes Écoles par l'adoption d'un règlement commun. Le Directeur de l'École de Bordeaux, d'un avis unanime, fut désigné pour faire imprimer le précieux petit livre. Le travail devait être exécuté sous sa surveillance, et avec la plus grande diligence possible.

Pouvait-on apporter du sanctuaire de Montmartre une nouvelle plus réjouissante pour le cœur si pieux de notre jeune malade ? Mais le pauvre enfant vivra-t-il assez de temps pour voir l'heureuse issue de l'entreprise ? La bonne Providence avait tout prévu, et tout disposé pour arriver à ses fins.

Chaque jour, tantôt sous une forme, tantôt sous une autre, Fernand désire avoir des nouvelles de son livre. « Le travail avance-t-il ?... » « L'aurons-nous bientôt ?... » Enfin, voici les premières épreuves. On se hâte de mettre un exemplaire en cahier pour la satisfaction du malade. Mais, hélas ! L'enfant a bientôt aperçu des erreurs typographiques qui le défigurent. Ce n'est pas le livre que son cœur convoite. Un exemplaire des secondes épreuves n'eut pas un accueil plus favorable.

Le pieux enfant avait de gracieuses industries pour faire ressortir son ardent désir de voir bientôt son petit livre d'or. Un jour, un Père bien connu était assis à côté de son lit, et contemplait avec une sorte d'attendrissement son petit oratoire portatif, placé à côté du chevet. — Fernand, saisissant l'occasion, avance sa main et pose son doigt sur son chapelet, puis sur son crucifix de congréganiste, prononçant les mots : *prière... souffrance...* Puis enfin l'arrête sur une place laissée vide, en disant : *obéissance...* Et, regardant le Père avec un sourire expressif, il ajoute : « Ah ! mon Père, là il manque un emblème ! »

Enfin, le précieux livre sort des ateliers de l'imprimeur, mais pour passer dans ceux du relieur ; car notre malade pousse ses exigences jusqu'à vouloir le volume tel qu'il l'a vu dans les mains de son modèle. Nous sommes au 21 août, jour du décès de ce bienheureux enfant.

Le P. Directeur, retenu à la maison de campagne auprès de la jeune communauté en vacances, rentrait à Bordeaux, après une absence de vingt-quatre heures. — Plusieurs fois dans la nuit, Fernand avait réclamé son cher P. Directeur, et, à son retour, il voulut l'embrasser avec toute la tendresse d'un fils. Et, d'une voix suppliante : « Mon père, » dit-il, « et le livre des « Règles ? » — « Mon enfant, » répliqua le Père, « le « volume que je vous destine est encore chez le relieur. « Je lui ai recommandé de faire le travail en toute « hâte, et il m'a promis qu'il serait fini ce matin au « plus tard. Soyez sans inquiétude, mon très-cher « enfant, je vais moi-même chercher votre livre. »

Le P. Directeur, en effet, courait chez le relieur et, une heure après, il avait la consolation de déposer dans les mains de son enfant, ce volume tant désiré. Oh! quelle joie! Quelle expression de bonheur! Dans son transport, Fernand prenait le livre, le regardait affectueusement, le portait à ses lèvres, le pressait sur son cœur.

Pauvre enfant! Il n'avait que quatre heures à vivre au milieu de nous, lorsqu'il plut à la divine Providence de le mettre en possession *des trois objets, avec lesquels il voulait mourir volontiers.*

Sixième consolation : le tombeau. — Le Sacré-Cœur de Jésus tenait en réserve une agréable surprise, qui fut une solide consolation, et pour la famille naturelle, et pour la famille adoptive. Fernand y trouvera aussi une large part, mais seulement après le trépas.

Nous l'avons déjà dit, le médecin nous annonça l'arrêt de mort de notre Apostolique trois mois avant son exécution. Aussi, la question de la sépulture préoccupa-t-elle vivement les Directeurs de l'Ecole, dès les premiers jours qui suivirent la fatale annonce. Leur cœur eût éprouvé une répugnance invincible à sacrifier les restes inanimés de cet ange de la terre, au milieu d'un cimetière commun. L'Ecole Apostolique ne possédait pas un coin de terre pour une sépulture privée. Notre cœur était dans l'angoisse. Nous sollicitâmes la faveur d'une place provisoire dans un tombeau de famille. Mais cette demande fut jugée exorbitante. Nous n'avions pas droit de nous étonner. — Nous fîmes ensuite un appel à la charité publique, pour l'acquisition d'un lieu de sépulture. Nous ne fûmes pas plus heureux dans cette nouvelle tentative. On nous appliqua le mot de l'Évangile : *Ut quid perditio hæc ?* Pourquoi cette prodigalité ?

Nous fûmes réduits à prendre sur le nécessaire, pour donner satisfaction à notre cœur. Nous voulions à tout prix conserver à la jeune Famille Apostolique la dépouille mortelle de celui que nous regardions comme une copie fidèle de notre céleste Patron, en souvenir perpétuel de ses vertus, et comme un gage de son intercession permanente auprès du Cœur de Jésus.

Un terrain fut acquis pour un tombeau de famille, et le travail de préparation entrepris et exécuté avec vigueur. La veille même du trépas, les ouvriers mettaient la dernière main à l'œuvre. Le Maître de la vie et de la mort sembla même n'appeler à Lui la belle âme de son enfant qu'après avoir préparé à sa dépouille mortelle la demeure qui lui convenait.

Septième consolation : Chapelle portative. — La neuvaine à saint Ignace, nous l'avons dit, amena un mieux qui ne fut qu'apparent. Le pèlerinage de Lourdes n'eut pas un résultat plus décisif. A partir de ce moment, le P. Spirituel ne perdait aucune occasion de mettre sous les yeux de son enfant sa véritable situation, afin de l'établir dans une entière indifférence entre la vie et la mort. A cet effet, il lui proposait comme sujet ordinaire de ses réflexions la belle formule d'abandon à la divine Providence, tracée par saint Ignace : « *Sume, Domine, et suscipe omnem meam libertatem...* Prenez, Seigneur, et recevez toute ma liberté... »

Fernand pria son P. Directeur de vouloir bien écrire de sa main, en caractères saillants, cet acte de donation absolue et d'abandon sans réserve aux disposi-

tions de Dieu, et de l'appliquer à la muraille, à côté
de son lit, au-dessous de l'image du Sacré-Cœur, entre
saint Ignace et le Bienheureux Berchmans, afin de
l'avoir sans cesse sous les yeux, et d'en faire la nourriture substantielle de son âme durant les derniers
jours de sa vie.

Il mettra à profit ses moments de loisir pour confec-
tionner et embellir de jour en jour, ce qu'il appelait sa
petite chapelle portative. Il installa son crucifix de
congréganiste à la place d'honneur. A la suite, et tout
autour, venaient se ranger ses saints et saintes de
prédilection. Ses trois grands amis, le Sacré-Cœur de
Jésus, le Cœur Immaculé de Marie et saint Joseph,
avaient une place de choix. A un degré inférieur, on
voyait saint Ignace, saint François-Xavier, saint
François d'Assise, les trois jeunes saints qu'il avait
pris pour modèles : Stanislas, Louis de Gonzague et
Berchmans, et plusieurs autres saints et saintes que
son cœur affectionnait.

Cette précieuse chapelle suivait le malade dans tous
ses mouvements, et lorsqu'il était dans son lit, il la
faisait placer à côté de sa tête, afin de l'avoir constamment sous les yeux. S'il arrivait qu'un visiteur, par
mégarde, vînt lui en intercepter la vue, le pieux
enfant, avec un doux sourire, le priait de lui laisser
voir sa chapelle. De cette manière, Fernand avait le
consolant privilège de se tenir en communication
continuelle avec ses saints les plus aimés du ciel.

Aussi n'y a-t-il pas lieu de s'étonner que cet angélique enfant ait pu traverser quatre mois de cruelles
souffrances, sans laisser apercevoir sur ses traits le
moindre vestige de tristesse et de mélancolie.

IV

Exemples d'édification donnés par Fernand dans le cours de ses quatre mois d'infirmités.

Nous l'avons fait observer à la première page de cette histoire, la divine Providence, en montrant cet enfant à la jeune Famille Apostolique, dans tous les détails de son édifiante vie, a semblé vouloir lui dire : « Regardez et voyez comment un Apostolique doit « vivre, souffrir et mourir ! » *Inspice et fac secundum exemplar.*

Aussi cette sage Providence aura-t-elle soin, durant toute cette dernière période, de mettre successivement tous les membres de la famille en contact fréquent avec le cher malade. Chacun emportera de cette visite de faveur, un enseignement pratique, une fleur spirituelle, un trait d'édification, qu'il se fera un plaisir de mettre en commun après le trépas, pour en composer un bouquet de suave odeur.

Notes de l'aide-infirmier. — L'Apostolique le plus assidu auprès du malade fut celui qui, d'office, devait assister l'infirmier. Il était chargé, par sa fonction, des soins matériels de l'infirmerie, de se rendre matin et soir auprès du malade, pour réciter les prières en sa présence, de s'assurer qu'il ne manquait pas de compagnie pendant les récréations. Ce même Apostolique

infirmier avait recueilli un grand nombre de traits
édifiants. Nous faisons les extraits suivants dans la
note qui nous fut remise après le décès :

« La plus stricte observation des règles était tout
« pour Fernand, et il se sentait mal au cœur lorsqu'il
« voyait quelqu'un de ses frères en enfreindre le
« moindre détail. Un jour, un élève étant retenu à
« l'infirmerie par une légère indisposition, il lui
« arriva de s'oublier pendant le temps du silence, et il
« engageait la conversation, lorsque Fernand lui dit
« avec douceur : « Soyez sûr que Berchmans ne se
« serait pas permis cette infidélité. » Cette seule parole
« eut le plus salutaire effet. »

« Un soir, l'*aide-infirmier* était auprès de Fernand,
« très heureux de participer à une intéressante
« conversation, lorsque le P. Sous-Directeur entrant,
« lui dit d'aller en récréation et de n'en pas perdre une
« minute. Le Père s'étant retiré, l'infirmier continua
« la conversation, lorsque Fernand, avec son gracieux
« sourire, lui dit : « Berchmans serait déjà en récréa-
« tion. »

« Aux approches de la fête de notre Bienheureux,
« Fernand me dit : « J'aime bien Berchmans. J'ai
« envie de lui demander un miracle. Ne pensez-vous
« pas à cette fête...? Deux fêtes dans une semaine !
« Celle du Bienheureux Berchmans pour nous prépa-
« rer à celle de notre Mère des Cieux ! » Fernand
« fut compris. On aurait pu recueillir toutes ses paro-
« les. Elles portaient toutes le cachet d'une tendre
« piété. »

« La veille de la fête, notre malade me pria de lui
« faire connaître l'évangile du jour. Je lui présentai
« mon livre de prières. Il nota le chapitre et les

« versets qui marquaient le commencement et la fin de
« l'évangile, et ajouta avec satisfaction : « Voilà pour
« la journée de demain. » On voit combien Fernand
« avait à cœur de faire revivre en lui notre Bienheu-
« reux modèle. »

« La piété de notre frère était exemplaire. L'élève
« chargé d'office de réciter les prières à côté de son lit,
« éprouvait une difficulté d'organe qui l'empêchait
« d'articuler les mots distinctement. Il faisait involon-
« tairement souffrir le malade qui n'osait pas l'en
« avertir, par crainte de l'offenser. Un jour, il lui
« déclara que, se trouvant notablement mieux, il était
« capable de dire les prières sans assistance. Mais le
« P. Directeur ayant observé cette dérogation aux
« règlements de l'infirmerie, en demanda la cause au
« malade. Celui-ci avoua ingénument que toute la
« faute était de son côté. Mais la délicatesse de sa
« charité l'empêchait de s'ouvrir sur les raisons qui
« avaient motivé ce refus. Le Supérieur ayant insisté,
« Fernand déclara que le condisciple, qui venait
« réciter les prières, le faisait trop souffrir, en *allant*
« *trop vite et mangeant les mots*; et il ajoutait qu'il
« ne s'opposerait plus à cette disposition, si telle était
« la volonté du P. Directeur. Et ainsi, notre cher
« malade, dans ce simple détail, faisait éclater trois
« précieuses vertus : tendre piété, délicatesse de
« charité fraternelle, ponctualité d'obéissance. »

C'est le cas de rappeler ici une note du journal de
retraite déjà citée : « La prière vocale doit être lente,
« solennelle et digne. Dieu, Roi du ciel et de la terre,
« à qui nous parlons, ne doit pas en perdre une
« syllabe. »

L'Apostolique concluait ainsi sa déposition : « Tout

« était édifiant dans notre jeune frère ; et les traits
« que je viens de rapporter sont pris entre mille autres
« non moins édifiants, qu'il m'est impossible d'énu-
« mérer. Il y avait de l'héroïsme dans tout ce qu'il
« faisait. Malheureusement, il n'a fait que passer,
« ne nous laissant qu'entrevoir l'éclat de ses ver-
« tus. »

Un autre Apostolique avait fait les observations
suivantes : « La dernière fois que je veillais auprès de
« notre frère, deux jours avant sa mort, il m'entretint
« une partie du temps. A mesure que l'heure de la
« communion approchait, je remarquai en lui une
« sorte d'assoupissement. Il devint silencieux. Aussitôt
« que minuit sonna, je lui dis : « Voulez-vous que je
« frappe à la porte du P. Directeur, pour vous faire
« porter le bon Dieu ? » — « Non, dit-il, pas encore ;
« attendez quelques moments, je ne suis pas assez
« préparé. » Et cependant, il était en méditation
« depuis trois quarts d'heure. La douleur qu'il éprou-
« vait était comme dominée par le désir de commu-
« nier. Lorsqu'il avait reçu la sainte hostie, il restait
« calme des heures entières, après quoi la souffrance
« le reprenait. Entre autres questions, je lui posai
« celle-ci : « Ce doit être pour vous, n'est-ce pas, une
« grande consolation de communier chaque jour ? »
« — « Oh ! oui, et je voudrais recevoir Notre-Seigneur
« plus souvent. Hier, je n'ai pas pu faire la sainte
« Communion. » Chaque fois que j'entrais dans sa
« chambre, il me montrait avec complaisance ses
« images, disposées en ordre dans sa petite chapelle.
« La Sainte Face le touchait particulièrement. Il
« aimait à la considérer avec un regard d'amour. »

Un troisième Apostolique témoigne avoir reçu de

Fernand un enseignement pratique des plus salutaires :

« Pendant la maladie de Fernand, il m'arriva de me
« trouver à l'infirmerie pour faire panser une incision
« faite à un doigt. C'était le temps de la récréation ;
« et je m'arrêtai un moment après l'opération pour
« m'entretenir avec le malade. Mais le P. Sous-
« Directeur étant survenu me dit que je ferais mieux
« d'aller prendre part aux jeux dans la cour. Le Supé-
« rieur n'ayant donné aucun ordre formel, je conti-
« nuai ma causerie. Mais Fernand, me faisant signe
« de prêter l'oreille, me disait doucement : « Vous ne
« partez pas ? » Et il me répéta jusqu'à trois fois le
« même avis. Je compris clairement qu'il voulait
« m'apprendre à obéir à un simple signe de la volonté
« des supérieurs. »

« Sur la fin de la maladie de Fernand, » écrit un
autre Apostolique, « j'étais un jour à distribuer le
« linge dans sa chambre. Le voyant si calme et si
« résigné au milieu de tant de douleurs, je lui deman-
« dai comment il se trouvait : « Je m'en vais, » me
« répondit-il avec sa sérénité accoutumée. « je m'en
« vais. Priez pour moi comme je prie pour vous. »

La famille de Fernand au pied du lit de douleur. —
L'Apostolique infirme, sous le poids des souffrances,
poursuivait son plan de zèle apostolique relativement
à ses frères et sœurs, à l'exemple du grand saint
Bernard, qu'il voulait imiter jusqu'au terme de sa vie.
Nous l'avons vu, à sa prise d'habit ecclésiastique,
attirer auprès de lui sa tendre mère et son cher Emmanuel, déjà aspirant Apostolique. Fernand avait
voulu ménager ce voyage à son jeune frère, pour le

disposer à entrer à l'Ecole dans peu de temps. Il nous fut donné de voir avec une vive émotion ce petit enfant tenant ses lèvres collées sur le front candide de son bien-aimé parrain et versant des torrents de larmes.

Emmanuel retourna à la maison transformé. La mère nous annonçait ce changement peu de jours après :

« J'ai la consolation de vous dire, mon Révérend
« Père, que le voyage de Bordeaux a été profitable à ce
« cher petit enfant. Nous reconnaissons à tout instant
« que le court séjour qu'il a fait auprès de vos petits
« Apostoliques lui a fait beaucoup de bien. Il travaille
« avec plus d'énergie, est plus recueilli dans ses
« prières et plus obéissant. Son institutrice l'a aussi
« remarqué et m'en a fait part.»

Emmanuel, de son côté, envoie à son parrain un compte-rendu de sa visite sous la forme d'une ouverture de cœur faite à son père spirituel :

« Mon cher parrain. — C'est avec un bien sincère
« plaisir que je viens te parler un peu aujourd'hui;
« mais ce plaisir était bien plus grand lorsque j'avais
« le bonheur de te parler face à face et de t'embras-
« ser. Je sais toutefois que les plaisirs ne peuvent pas
« toujours durer et qu'il faut un peu souffrir pour
« devenir Apostolique. Maman me le dit si souvent!
« L'autre soir, en allant prendre mon repos, je pensais
« aux bons Apostoliques, et il me semblait voir com-
« bien ils sont pieux, et je me disais à moi-même :
« Quand est-ce que je serai pieux comme eux, et que
« j'aimerai comme eux le bon Jésus? — Alors je réflé-
« chissais et me disais : Si tous les jours j'offrais mon
« travail au bon Dieu, si je pensais souvent à Lui, si

« je m'habituais aux petites mortifications, si je don-
« nais en tout le bon exemple à mes frères, peut-être
« que je commencerais à devenir pieux... Puis je
« prenais de bonnes résolutions et me promettais de
« les exécuter.

« Je termine en t'embrassant de tout cœur, te pro-
« mettant d'être bien studieux. Je te prie aussi de
« dire à tous les Apostoliques que je les embrasse très
« affectueusement,

« Ton filleul qui t'aime avec tendresse.

« EMMANUEL. »

Fernand recevait aussi de semblables témoignages
d'affection fraternelle de ces autres frères et sœurs.
Lorsque ses forces diminuées ne lui permirent plus
de répondre aux lettres reçues, la charitable mère se
mettait à son service pour les fonctions de secrétaire.

Apostolat de Fernand auprès des étrangers. — La
réputation d'une vertu si douce et si aimable avait
franchi les murs de l'École et attirait auprès du jeune
malade nombre de visiteurs. Mais l'humble enfant
était sensiblement mortifié par ses visites, et le Supérieur dut lui faire observer que la gloire de Dieu et le
bien de l'École demandaient qu'on donnât libre accès
aux personnes qui désiraient le voir et lui recommander leurs intentions.

Une bonne mère de famille nous adressait la note
suivante :

« Dites, s'il vous plaît, à votre cher petit malade
« qu'il fasse une prière pour mon enfant qui passe en
« ce moment ses examens, et une autre prière afin
« qu'il accepte courageusement et avec résignation

« une pénible nouvelle que je dois lui annoncer.
« C'est presque un miracle que je demande, mais j'ai
« confiance en votre jeune saint. »

Le docteur lui-même, dans ses visites, avait recueilli
son bouquet spirituel. Il le fit comprendre un jour par
un mot gracieux. Quelqu'un s'empressant d'ouvrir
devant lui la porte qui lui donnait accès auprès du
malade, le docteur dit d'un air satisfait : « Mon père,
vous m'ouvrez la porte du Ciel ! »

Le fervent Apostolique avait vraiment le secret de
répandre autour de lui la bonne odeur de Jésus-Christ,
en reproduisant la douceur et l'humilité de son divin
Cœur.

V

**Derniers moments et mort édifiante
de l'Apostolique Fernand.**

Nous n'avons presque rien dit des particularités
que présenta l'infirmité de notre enfant durant la
seconde phase de sa maladie. Le mal, en effet, suivit
son cours régulier jusqu'à complet épuisement de
forces, sans présenter aucun caractère saillant, sauf
une toux opiniâtre et chronique qui tenait la victime
sur la croix nuit et jour. Au commencement du mois
d'août, le malade n'avait qu'un souffle de vie, et son
corps présentait la forme d'un squelette. Une profonde

cavité du côté droit annonçait que le poumon était tombé en dissolution. Mais l'enfant n'avait rien perdu de sa force morale ni de sa résignation au bon plaisir de Dieu. Il représentait à nos yeux Berchmans sur son lit de mort.

Vers ce temps, un des Apostoliques traduisait ainsi ses impressions sur son frère mourant dans une lettre à sa famille :

« La mère du pauvre malade dont je vous ai parlé « est ici. Notre chère victime ne peut aller loin. Je ne « sais si vous connaissez la vie du Bienheureux « Berchmans, patron des Apostoliques. Eh bien! cet « enfant a été comme Berchmans pendant son séjour « au milieu de nous. Maintenant, sur son lit de dou- « leur, il édifie tout le monde par sa piété, sa patience « et sa résignation. Avant-hier on lui a administré « les derniers sacrements et la nuit dernière je l'ai « veillé. Je pense qu'il attend pour mourir la fête du « Bienheureux Berchmans ou bien celle de l'Assomp- « tion. Nous aurons un patron de plus au Ciel. La « pauvre mère ne se retirera qu'après avoir enseveli « son fils. »

LA FÊTE DU BIENHEUREUX BERCHMANS

Le 13 août, fête du Bienheureux Berchmans, apporta à notre cher malade, non pas le trépas attendu, mais un surcroît de force et d'énergie, qu'on prit un moment pour un miracle. De très grand matin, l'enfant fait appeler le P. Directeur :

« Mon père, » lui dit-il, « j'éprouve un grand désir « d'assister à la messe de communauté. » — « Assister

« à la messe de communauté, mon enfant, » répondit
le père, « votre pensée est un rêve d'imagination.
« Vous n'avez qu'un souffle de vie et vous voudriez
« aller à la chapelle? Vous n'avez pas réfléchi avant
« de faire votre demande. » — « Oh ! mon père, je puis
« y aller, je vous assure. Je vous en supplie, donnez-
« moi cette consolation. » — « Oui, mon cher enfant,
« je veux vous autoriser à aller à la messe, mais à une
« condition, entendez bien. Vous allez de suite vous
« lever, et vous habiller sous mes yeux sans aucune
« assistance. A ce signe je reconnaîtrai si Berchmans
« vous veut à la chapelle. »

Le P. Directeur avait voulu mettre l'enfant au défi
et le convaincre sans autre raisonnement de son
impuissance à se rendre à la chapelle. Mais aussitôt
Fernand fier de sa victoire de répondre :

« Merci, mon père, merci ; veuillez me faire passer
mes habits qui sont au pied du lit. »

Et le voilà à s'habiller seul, avec une dextérité qui
tenait du prodige. Dans quelques moments il avait
conquis le droit d'assister à la messe de communauté.
Il y assista, en effet, et rentra ensuite dans sa chambre sans fatigue. Il est hors de doute que Berchmans
avait voulu procurer à son protégé un moment de
suprême consolation.

FÊTE DE L'ASSOMPTION DE LA TRÈS SAINTE VIERGE

A la fête du 13 août succéda, deux jours après, la
grande solennité de l'Assomption de la glorieuse Reine
des Anges dans les cieux. En ce beau jour, les plus

douces émotions débordèrent dans l'âme innocente du pieux enfant de Marie.

Les approches de la fête lui avaient vivement rappelé le bienheureux trépas de l'un des plus chers favoris de la Reine des Anges. Depuis le 10 août, le souvenir de saint Stanislas ne le quittait pas. Il ne voulait d'autre lecture que celle de la vie de ce jeune saint. Sans cesse il avait sous les yeux l'image de cet ange de la terre recevant la sainte Eucharistie des mains d'un ange du Ciel.

UN BOUQUET DE FÊTE A LA REINE DES CIEUX

Vers trois heures du soir, le malade appela auprès de lui le P. Directeur pour une communication intime. Dès que le Père fut présent, l'enfant se tournant vers sa mère assise à côté de son lit :

« Maman, » lui dit-il, « voudriez-vous me laisser « quelques instants seul avec mon père pour une « confidence ? »

Regardant ensuite son P. Directeur avec un sourire céleste :

« Mon père, » lui dit-il, « ne conviendrait-il pas « d'offrir un bouquet de fête à la Reine des Apôtres « en ce grand jour, anniversaire de son glorieux « triomphe ? »

« — Un bouquet de fête aujourd'hui à la Reine des « Cieux, mon cher enfant, heureuse pensée ! Mais que « voudriez-vous offrir que vous n'ayez donné et « redonné sans réserve mille fois ? Votre cœur est un « bouquet, sans doute, mais vous l'avez offert et livré « si souvent à votre Mère qu'elle le regarde comme sa

« propriété inviolable et sans partage. » — « Tout ce
« que vous dites, mon père, est bien vrai, » répondit
« l'enfant. « Cependant il est une fleur que je n'ai
« encore jamais présentée à ma tendre Mère. N'entre-
« voyez-vous pas ma pensée?... »

Cette pensée, l'humble enfant n'osait pas la formuler. Après un moment d'hésitation, il continua :

« Ne croyez-vous pas, mon père, que le *vœu de*
« *chasteté perpétuelle*, accompagné de celui d'entrer
« en religion (si vous l'autorisez), serait un bouquet
« de suave odeur pour la Reine des Anges? » — « Oh!
« oui, cher enfant, c'est un digne bouquet de fête
« celui-là : offrez donc ce cher bouquet. Je vous donne
« pleine autorisation. Il n'y a aucune témérité à vous
« lier par vœu à la pratique fidèle d'une vertu qui
« depuis longtemps tient un si haut rang dans votre
« estime et votre affection. »

L'angélique enfant se hâta de faire tracer la formule de son double vœu sur le verso d'une photogra-
phie du Bienheureux Berchmans ; et, après l'avoir lue
attentivement et ratifiée au fond de son cœur, d'une
main défaillante il y apposa sa signature.

OFFRANDE A LA GLORIEUSE REINE DES CIEUX
LE JOUR DE SON ASSOMPTION

« O ma glorieuse Mère! voici le grand anniversaire
de votre triomphe dans les cieux. Moi, Fernand Garrigue, tout infirme que je suis, je ne veux pas laisser
passer cette solennité sans vous donner un témoignage éclatant de mon amour filial. Je me prosterne
donc très-humblement à vos pieds pour y déposer le

vœu de chasteté perpétuelle que je fais en ce moment,
avec l'agrément de mon Père spirituel. J'ajoute à ce
premier vœu celui de m'engager un jour dans la vie
religieuse pour y travailler sans relâche à la gloire de
votre divin Fils, si vous me rendez la santé, ô ma
tendre Mère.

« Bordeaux, École Apostolique, 15 août 1877.

« F. G. »

Mort de Fernand, 21 août. — L'enfant de Marie
vient d'offrir à sa Mère des cieux un précieux gage de
son amour filial. Il est en possession des trois objets
qu'il appelait la fortune de Berchmans. Il n'avait
plus rien à regretter sur la terre. Nous sommes au
21 août, jour marqué par la divine Providence pour
le trépas. Le cœur de Fernand pouvait prononcer le
Consummatum est. Tout est accompli : Je suis au
comble de mes vœux.

Vers dix heures du matin, se manifestèrent les
symptômes précurseurs d'une fin prochaine. Le
P. Directeur voyant approcher le moment suprême,
demanda au mourant s'il ne désirait pas recevoir
encore une fois Notre-Seigneur en viatique. — « Oh !
« mon Père, je le désire de tout mon cœur ; mais ma
« consolation serait plus grande, si tous mes frères
« assistaient à la cérémonie. » — « Ils y assisteront,
« mon enfant, » reprit le Père. « Je viens de les faire
« appeler tous de la maison de campagne ; ils arrive-
« ront incessamment. »

Vers deux heures, toute la jeune communauté
accompagnait le saint Viatique au lit du moribond.
L'enfant conservait toute sa lucidité d'esprit.

Le P. Directeur était tout préoccupé sans doute du

cher malade ; mais en même temps il ne perdait pas de vue les intérêts de toute la famille recueillie au pied du lit. Le spectacle de la mort est de nature à inspirer aux assistants de sérieuses réflexions. Tenant dans ses mains le saint Viatique, il adressa au mourant les questions suivantes : « Mon enfant, en présence de ce « Jésus que vous allez recevoir et que vous aimez « d'un amour si ardent, demandez-vous pardon à tous « vos frères de toutes les peines que vous pouvez leur « avoir causées? » — L'enfant qui n'avait plus la force d'articuler une réponse distincte, *signifia* un oui énergique par un sifflement des lèvres prolongé. « Demandez-vous également pardon au bon Dieu de « toutes les fautes commises dans votre vie? — Nous « promettez-vous de vous faire dans le ciel notre « intercesseur auprès de Jésus, Marie et Joseph?... » Mêmes réponses répétées et prolongées avec un accent de conviction, de foi et de piété qui faisait couler les larmes.

Pendant l'action de grâce, la mère seule resta au pied du lit. A deux reprises différentes, l'enfant, inclinant légèrement son regard vers elle : « Maman, » lui dit-il d'une voix mourante, « quelle heure est-il? » — A la seconde question, la mère répondit : « Il est trois heures et un quart, mon Fernand. » A ce mot l'enfant leva le doigt pour faire un signe dont la mère ne pénétra le sens qu'une heure plus tard.

A quatre heures et un quart, l'enfant, se tournant une dernière fois vers sa mère : « Maman, » lui dit-il, « cessez d'essuyer mon visage. Recevez mon crucifix « et placez-le sur la table. Je vais dormir. »

Telles furent les dernières paroles de notre Fernand. A cet instant même, en effet, il ferma ses yeux à la lumière sans agonie et sans secousse, comme l'enfant qui s'endort paisiblement sur le sein de sa mère. C'était la veille de l'octave de l'Assomption.

Le P. Directeur et toute la Famille Apostolique étaient autour du lit pour les prières des agonisants. De là nous nous rendions à la chapelle pour appliquer à l'âme de notre cher défunt les riches indulgences du Chemin de la Croix. La courageuse mère trouva dans son cœur généreux la force de se détacher du corps inanimé de son Fernand et suivit la communauté au pied de l'autel.

On s'empressa ensuite d'approprier le corps du défunt. On le para du précieux habit qu'il ne portait que depuis quatre mois et qui était l'objet de ses plus tendres affections. Son visage d'une blancheur éclatante laissait entrevoir un sourire angélique qui ravissait tous ceux qui le visitaient.

Le jour suivant, dès le matin, le corps fut descendu à la chapelle. La cérémonie attira bon nombre de personnes de la ville. On aimait à considérer cette figure angélique qui retraçait celle de son céleste modèle.

Un témoigne touchant de sympathie. — Cette circonstance valut à l'Ecole Apostolique un témoignage de sympathie qui toucha vivement notre cœur, et que nous regardâmes comme une attention délicate du Cœur miséricordieux de Jésus. Le P. Directeur se disposait à monter à l'autel pour la cérémonie des obsèques lorsqu'on vint lui porter à la sacristie le message suivant :

« Mme NN..., prenant part à la cérémonie, vous fait
« dire qu'elle sera heureuse de préparer de ses mains
« la couronne de lis qui doit accompagner ce cher

« Apostolique à sa dernière demeure. Elle ajoute que
« si le caveau en construction de l'Ecole Apostolique
« n'était pas terminé, ce serait avec un vrai bonheur
« qu'elle mettrait à votre disposition le tombeau de
« sa mère pour recevoir ce précieux dépôt. »

Cette offre généreuse, si peu attendue de la part
d'une des personnes les plus respectables et les plus
honorables de notre ville, en faveur des restes inanimés d'un enfant pauvre et obscur, nous toucha jusqu'aux larmes. Nous vîmes dans ce fait un triomphe
éclatant de cet esprit chrétien qui ne s'arrête pas à la
surface mais pénètre jusqu'à l'intime réalité des choses.

Le soir, vers quatre heures, toute la jeune communauté accompagnait à sa dernière demeure, un frère
vivement regretté. Un bon nombre d'amis et de bienfaiteurs se firent un plaisir de se joindre au convoi
funèbre. La dépouille mortelle de Fernand allait prendre la place d'honneur dans le caveau de l'Ecole Apostolique terminé la veille de ce jour.

O très cher enfant, votre âme glorifiée est dans le
sein de Dieu, nous n'en doutons pas ; mais votre souvenir vivra longtemps dans l'esprit et le cœur de vos
frères en Jésus-Christ. Vous serez pour eux l'expression fidèle du parfait Apostolique. Au ciel vous serez
à côté de Berchmans notre patron secondaire et pour
nos amis et bienfaiteurs un puissant intercesseur.

La divine Providence vient d'infliger à l'Ecole Apostolique une perte douloureuse. Faut-il l'appeler un
malheur regrettable ou une bénédiction céleste ? Quelques mois après, un ami de l'Ecole nous envoyait un
mot consolateur qui fut considéré comme tombé du
ciel :

« Il faut que ces enfants meurent pour féconder

« l'œuvre, pour servir de modèles à leurs frères, et
« être dans le ciel leurs protecteurs. Qui oserait dire
« inféconde la mort prématurée d'un Berchmans, d'un
« Louis de Gonzague, d'un Stanislas ? Fernand exer-
« cera dans le ciel un puissant Apostolat et il l'a déjà
« exercé. »

Tel est le secret de Dieu mis au jour. Mais le dessein
providentiel allait peut-être plus loin encore. Ne fallait-il pas à la Famille Apostolique, pour être au complet, un modeste domicile au centre même du vaste
cimetière bordelais? — Ne fallait-il pas lui ouvrir
cette voie féconde d'Apostolat, celui des morts? Oh !
disons-le, cette bonne Providence connaissait les
besoins de sa chère petite communauté. Elle frappe
ses coups, impose ses sacrifices pour arriver à ses fins
miséricordieuses. A-t-elle besoin de prévenir d'avance
ses instruments, si ces derniers ont soin d'établir
dans leur cœur un solide fondement de foi et de
confiance?

La tombe de l'Ecole Apostolique est un petit caveau
ayant les dimensions et la forme d'un modeste
tombeau de famille. Au milieu s'élève une croix en
fonte et, sur le socle qui la supporte, on lit le monogramme J H S, et au-dessous : *Ecole Apostolique
Saint-Joseph de Tivoli*. Sur la pierre tumulaire deux
noms gravés ouvrent la liste : *Fernand Garrigue
(Apost.), décédé le 21 Août 1877. Alfred Rajoëlina
(Apost.), décédé le 14 septembre 1877*.

Ce précieux tombeau, on le conçoit, est devenu
comme un centre d'attraction pour la Famille Apostolique. On rencontre souvent les Pères et les enfants
disposés en couronne autour de cette demeure funéraire pour y raviver le souvenir des vertus des

membres défunts, et attirer par leur entremise, sur toute la famille, les bénédictions célestes.

C'est encore autour de ce tombeau que nous aimons à payer un tribut de reconnaissance à ceux de nos amis et Bienfaiteurs qui ont déjà quitté la terre et dont les cendres reposent dans la même enceinte. Oui, sans doute, c'est une nouvelle source d'Apostolat que la Providence a voulu ouvrir devant nous. *Deo gratias!*

VI

Présent céleste de Fernand à sa chère famille adoptive.

Nous l'avons déjà dit, une heure avant le trépas, en présence de la sainte Eucharistie qu'il allait recevoir pour la dernière fois, Fernand prenait l'engagement solennel de se faire notre intercesseur dans le ciel auprès de Jésus, Marie et Joseph.

Mais ne perdons pas de vue l'objet des prédilections de ce cher enfant sur la terre : « Cœur de Jésus, je veux faire de grands progrès dans le détachement des choses de la terre; envoyez-moi des souffrances, beaucoup de mortifications. »

L'Apostolique avait compris que le dégagement du cœur des choses de la terre, est la première des vertus essentielles à un Apôtre. Un cœur pleinement dégagé ne touche pas la terre, mais plane au-dessus des nuages, à l'exemple du *roi des airs*, ayant sans cesse son regard fixé sur le Soleil de justice.

Après la cérémonie des obsèques, la bonne Providence nous accordait une semaine de repos et de douce satisfaction. La petite communauté, ayant à peine essuyé ses larmes, commençait à se livrer au jeu avec entrain, à la maison de campagne. Nous étions arrivés au milieu de nos grandes vacances, lorsque soudain, un mal d'un caractère inconnu vint comme l'éclair, marquer une seconde victime dans le petit troupeau.

Le compte rendu annuel résume ainsi cette seconde épreuve providentielle : « Au moment où nous avions « la douleur de célébrer les obsèques de notre regretté « Fernand, nous étions loin de penser que le Sacré- « Cœur se disposait à cueillir un autre fruit dans sa « vigne mystique. Nous aurions matière à une « seconde notice nécrologique, non moins édifiante « que celle qu'on vient de lire; mais nous devons « nous borner à faire ressortir une coïncidence qui « nous apporta consolation au milieu de nos poignantes « douleurs.

« Fernand Garrigue, élève Apostolique depuis trois « ans, congréganiste formé de la Reine des Apôtres « depuis deux ans, revêtu de l'habit ecclésiastique « depuis quatre mois, rendait sa belle âme à Dieu le « *21 août, veille de l'Octave de l'Assomption de la* « *Très-Sainte Vierge, à quatre heures et un quart du* « *soir.*

« Alfred Rajoëlina, originaire de la grande île de « Madasgascar, élève Apostolique depuis cinq ans, « congréganiste formé depuis quatre ans, revêtu de « l'habit ecclésiastique depuis deux ans, frappé subi-

« tement par un mal inconnu, rendait son âme à
« Dieu le *14 septembre, veille de l'Octave de la Nati-*
« *vité de la Très Sainte Vierge, à quatre heures et*
« *un quart du soir.*

« Par cette coïncidence (ainsi nous l'avons cru), la
« Reine des Apôtres nous donnait à entendre qu'elle
« appelait elle-même en ces jours de fête, ses deux
« fervents congréganistes au bonheur céleste, pré-
« mices des fruits de la jeune École Apostolique de
« Bordeaux.

« D'autre part, la miséricordieuse Providence, par
« un coup de vigueur, nous préparait à la retraite
« annuelle qui allait s'ouvrir. Le premier des deux
« Apostoliques défunts nous criait : *Inspice et fac*
« *secundum exemplar*, voyez comment l'Apostolique
« doit vivre, souffrir et mourir. Le second faisait
« retentir à nos oreilles cette parole salutaire : *Et vos*
« *estote parati*, et vous, soyez prêts. Notre cher Alfred
« était loin de penser que sa dernière confession serait
» la dernière de sa vie. Le cher enfant fut frappé et
« non surpris par la mort. Il pratiquait fidèlement le
« *quotidie morior*. Je meurs chaque jour. »

Notre Fernand, sans doute, demanda au Sacré-Cœur
de Jésus, par l'entremise de la Reine des Apôtres, un
compagnon selon son cœur dans sa demeure funéraire
et dans la gloire.

La famille Garrigue — Et le jeune Emmanuel.

Nous ne voulons pas terminer cette biographie sans
dire un mot de la famille Garrigue. et spécialement de
ce bien-aimé filleul dont il a été si souvent fait mention

dans notre récit. On verra que tous les membres de cette heureuse famille sont parfaitement à l'unisson avec le Cœur de Jésus.

Le 23 août, le lendemain des obsèques, la courageuse mère rentrait dans sa famille, comme Marie dans le cénacle, après la scène du Calvaire, le cœur brisé de douleur, mais en même temps inondé de consolation par le souvenir de tout ce qu'elle avait vu et entendu. Après trois semaines de silence, elle nous adressait la lettre suivante datée du 15 septembre :

« Mon très Révérend Père. — Nous sommes bien en « retard pour répondre à vos avances. Veuillez nous « excuser, car nos moments libres sont rares et nous « appartiennent si peu. Le travail s'est trouvé accu- « mulé à raison de mon absence prolongée, et nos « réparations ont amené les plus grands bouleverse- « ments. Ajoutez à cela le surcroît d'épreuves que la « divine Providence nous ménage cette année. Elles « sont bien rudes et bien amères ces épreuves pour la « pauvre nature! Oh! mon père, le bon Dieu nous « demande de bien grands sacrifices! Il nous en a « imposé un bien grand en prenant notre cher Fernand, « et voilà qu'il est sur le point de nous demander notre « petit Emmanuel, un second Fernand par ses vertus, « son caractère charmant; un enfant qui n'avait jamais « été malade. Il fut un peu souffrant après son retour « de Bordeaux, et depuis il n'avait pas pu se remettre « entièrement.

« A la suite de la mort de Fernand, son frère aîné, « la maladie s'est déclarée, la même que celle de son « frère. Nous l'avons montré à un des meilleurs méde- « cins de Périgueux, qui nous a déclaré qu'Emmanuel

« aurait le même sort que son frère. C'est un cas de
« phtisie sans remède.

« Vous voyez, mon père, combien nous sommes
« malheureux, combien nous avons besoin des prières
« de votre communauté pour supporter nos épreuves.
« Il est bien vrai que le bon Maître, au milieu même
« de nos tribulations, nous donne de bien touchantes
« consolations. Notre cher petit Emmanuel est aussi
« bien bon. Il me disait un de ces jours : « Il me tarde
« d'être auprès de mon Fernand au ciel. Il me semble
« que j'y vois ma place entre lui et ma marraine (1). »
« Aussi notre cher Emmanuel n'est pas effrayé par la
« mort. Il ne désire qu'une chose, aller au ciel.

« N'est-il pas vrai, mon père, que le bon Dieu est bien
« bon de donner à mes enfants de pareils sentiments ?
« Il n'est pas naturel, ce me semble, de voir un enfant
« de cet âge, n'ayant aucun souci, menant une vie
« assez douce, car il n'éprouve pas les souffrances
« qu'endurait Fernand. Il n'a pas l'énergie de son
« frère ; mais il est sans défauts, aussi charmant qu'on
« puisse désirer.

« Je ne puis pas en dire tout à fait autant de ses
« autres petits frères. J'espère cependant qu'ils devien-
« dront tous de petits saints. Que le bon Dieu me les
« prenne tous s'ils ne devaient pas être de fervents
« chrétiens. Je dis bien souvent au Sacré-Cœur qu'il
« m'impose tous les sacrifices qu'il lui plaira de m'im-
« poser, et qu'il me donne la grâce de les supporter.

(1) Cette marraine était une sœur de Madame Garrigue, morte
à l'âge de 21 ans dans une condition analogue à celle de Fernand.
Elle prit l'habit de religion et fit sa profession sur son lit de
douleur, où elle resta près de six mois en proie à de violentes
infirmités. Son unique désir était de mourir en religion.

« Mais j'aime tant que leurs petites âmes restent pures !

« J'avais un autre grand désir, c'est que mes enfants
« allassent à cette chère Ecole Apostolique, afin de
« devenir des apôtres. Ce divin Cœur me refuse cette
« faveur. Eh bien, que sa sainte volonté soit faite ! —
« Je vous assure, mon père, que j'étais loin de supposer
« que notre cher Emmanuel serait atteint de cette
« terrible maladie. J'y vois un coup de Providence
« manifeste. Ces deux enfants avaient l'un pour l'autre
« une affection si peu ordinaire, qu'il ne me semble
« pas étonnant qne le bon Maître veuille les réunir si
« vite. »

C'est, nous n'en doutons pas, l'Angélique Fernand
qui parlait au cœur de sa fervente mère et lui inspirait
de si beaux sentiments au milieu de ses poignantes
épreuves.

Le jeune Emmanuel en proie à sa mortelle infirmité
soupirait ardemment après l'Ecole Apostolique ; mais
la maladie le retenait sous le toit paternel. Il demanda
l'autorisation de prononcer son acte de consécration
d'Apostolique au sein de la famille, faveur qui lui fut
accordée le 8 décembre, fête de l'Immaculée-Conception.

A la suite, le petit enfant nous traçait de sa main
les lignes suivantes : « Mon Révérend Père. Je vous
« avais annoncé ma consécration pour le jour de la
« présentation de N.-D. ; mais je m'étais trompé. Elle
« n'a eu lieu que le 8 décembre. Ce jour-là, je me suis
« consacré à la sainte Vierge et au Bienheureux
« Berchmans. Nos sœurs viennent de faire donner une
« retraite de trois jours à leurs élèves. Je l'ai suivie et
« pendant ce temps, j'ai bien prié la Sainte Vierge de
« faire de moi un saint Apostolique, comme mon

« bienheureux parrain. Je lui ai demandé aussi qu'elle
« me guérisse au plus tôt, si c'est la sainte volonté de
« Dieu, afin que j'aille vite à l'Ecole Apostolique. Il
« me tarde d'y être à cette chère École avec tous ces
« bons frères. J'ai pris des résolutions que j'ai mises
« sous enveloppe, et le samedi, jour de la clôture, elles
« ont été placées sur l'autel pendant le saint sacrifice
« de la messe, afin que le bon Dieu les bénisse. Je vous
« les envoie comme à mon supérieur pour lequel je ne
« veux avoir rien de secret, à l'exemple du Bienheureux
« Berchmans que je veux imiter. »

Sur une feuille séparée l'enfant communiquait ses
résolutions de retraite :

« *Sancta Maria, ora pro nobis.*

« O très-sainte Vierge ! je prends la résolution d'être
« moins paresseux, moins mou dans le travail, afin
« de devenir un bon Apostolique comme Fernand.

« Je prends aussi la résolution d'être plus obéissant
« que d'habitude. Je veux m'exercer à l'obéissance
« parfaite et pour m'exciter je penserai souvent aux
« exemples que me donnait Fernand quand il était sur
« la terre.

« Je promets encore de donner le bon exemple à
« mes frères plus jeunes, moins par mes paroles que
« par mes actions. Jamais je ne dois me fâcher. Je
« dois au contraire me regarder comme inférieur à
« eux et à tout le monde, pour imiter l'humilité de
« Marie, ma Mère.

« Noël approche. Il faut que je sois plus recueilli et
« que je m'efforce de devenir plus pieux et plus fer-
« vent.

« Dans mes communions j'éviterai toute distraction,
« si petite qu'elle soit. Toute cette journée je me tien-

« drai en garde contre toute dissipation nuisible, me
« rappelant la grâce reçue.

« Ce sont là les résolutions que je prends et que
« j'espère tenir avec l'assistance de la Très-Sainte
« Vierge, ma bonne Mère.

« Ainsi-soit-il. »

Cependant le jeune Emmanuel ne touchait pas
encore au terme de sa vie mortelle. — Dans le courant
du mois de Mars, le bon saint Joseph, l'un des trois
grands amis de Fernand, daigna intervenir pour porter à l'enfant un prolongement de vie. Laissons-le
parler lui-même :

« 30 Mars 1878. — Mon Révérend Père. — Aujour-
« d'hui profitant du grand mieux que j'éprouve, je
« vous annonce que depuis la fête de saint Joseph,
« mon bon patron, je vais beaucoup mieux. Nous
« l'avons bien prié ce bon saint Joseph, et nous con-
« tinuons à le faire, afin qu'il achève son œuvre. Le
« jour de sa fête, j'ai fait la sainte Communion, et
« M. le Curé a eu une intention pour moi à la sainte
« Messe. Je n'oublie pas de prier mon bienheureux
« parrain, et je sens bien qu'il écoute mes prières.
« Tous les jours j'en ai de nouvelles preuves. Il me
« tarde bien d'être entièrement guéri pour aller à
« l'École Apostolique. Depuis environ un mois, rien
« ne me sourit, et tout me dit, au contraire, que je ne
« devrais pas être ici. Aussi plus nous allons et plus
« je suis convaincu que le bon Dieu me veut là où Il
« avait mis mon cher parrain. Autrefois, étant plus
« jeune, lorsqu'on me demandait ce que je ferais, je

« répondais : « *Comme mon parrain fera,* » et j'espère
« que ces paroles seront vraies. »

Le cher petit enfant est plus explicite encore dans
une seconde lettre :

« Je suis à peu près guéri. Il ne me reste plus qu'à
« prendre des forces. C'est saint Joseph qui a fait ce
« miracle. Je puis bien l'appeler ainsi. La Sainte
« Vierge va continuer l'œuvre de saint Joseph, et
« enfin le Sacré-Cœur, je l'espère, m'ouvrira les por-
« tes de l'École Apostolique. J'attends cette faveur
« du secours de vos prières et de celles de vos bons
« Apostoliques. »

Le père de l'enfant apostillait ainsi cette lettre :

« Comme je sais que vous nous portez un vif inté-
« rêt, laissez-moi ajouter à cette feuille un mot sur
« notre cher malade, que nous pouvons vraiment dire
« convalescent. Depuis qu'il fut condamné irrévoca-
« blement par M. D..., célèbre médecin de Périgueux,
« à subir le même sort que Fernand, nous allons
« d'étonnement en étonnement. Voyez ce cher enfant
« qui appelle miracle sa convalescence. Il se croyait
« donc sérieusement attaqué. Et cependant il ne s'est
« jamais inquiété s'il guérirait ou non. Nous l'avons,
« au contraire, entendu dire au fort de sa maladie
« qu'il voudrait mourir jeune comme son Fernand. »

Le 4 mai, Emmanuel nous envoyait son bulletin de
santé :

« La Sainte Vierge va me rendre fort dans le cou-

« rant de son mois béni. Déjà je commence à le
« devenir. Je vais à la promenade et je puis courir
« comme mes frères. Tous les jours je supplie mon
« parrain de me rendre pieux et studieux comme il
« l'était lui-même. »

Enfin, le 22 juin Emmanuel nous écrit :

« Vous savez que nous sommes allés à Périgueux.
« Dans cette ville, maman fit venir un médecin pour
« nous examiner. Elle lui fit connaître ma maladie.
« Le médecin a déclaré que j'étais le mieux portant
« de toute la famille. Il a parfaitement reconnu que
« ma guérison est miraculeuse. Il savait que j'avais
« été condamné par le médecin auquel il succéda.
« Maman ne m'avait rien dit de tout cela pendant ma
« maladie, mais, depuis la déclaration du médecin,
« elle m'a tout révélé.
« Il me tarde bien d'aller à l'Ecole Apostolique.
« J'espère bien que ce sera pour les grandes vacances
« au plus tard. Je travaille le français et le latin sans
« me fatiguer. »

L'homme propose et Dieu dispose. — Après tant de
vicissitudes, voilà notre jeune Emmanuel rendu à la
santé d'une manière si merveilleuse. Les trois grands
amis de Fernand y ont coopéré graduellement, durant
les mois de mars, mai et juin. L'enfant touche au
terme de ses plus ardents désirs. Il se voit déjà sur
le bord de la terre promise. Et cependant le cher
enfant n'y entrera jamais : la divine Providence avait
sur lui d'autres desseins, qu'elle lui révélera en temps
opportun.

Emmanuel devait accompagner ses deux frères plus jeunes au collège de Sarlat, et se faire leur ange tutélaire dans cette maison d'éducation. — Après avoir rempli pendant deux ans ce ministère apostolique et avoir édifié ses condisciples par sa piété et sa conduite, il arrivait à l'âge où son cher parrain quittait la terre. Il avait été fidèle au programme d'action qu'il s'était tracé, reproduisant le caractère et les vertus de Fernand pour l'édification de ses jeunes frères. — Il était mûr pour le Ciel et rendait sa belle âme à Dieu le dernier jour de septembre, à l'âge de quinze ans, dans les bras de sa vertueuse mère.

A. M. D. G.

TABLE DES MATIÈRES

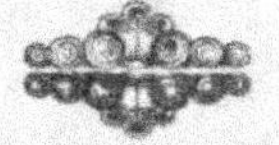

1 avril 64

www.ingramcontent.com/pod-product-compliance
Lightning Source LLC
LaVergne TN
LVHW021644060726
842527LV00003B/784